陳福成編

文學叢刊

中國藏頭詩（二）

——范揚松春秋大義詩欣賞

文史哲出版社印行

國家圖書館出版品預行編目資料

中國藏頭詩.二：范揚松春秋大義詩欣賞 /
陳福成編. -- 初版 -- 臺北市：文史哲出版社,
民 112.04
頁;　公分 -- （文學叢刊；469）
ISBN 978-986-314-634-6（平裝）

1.CST：范揚松 2.CST：臺灣詩
3.CST：文學鑑賞

863.51　　112005056

文學叢刊 469

中國藏頭詩(二)

范揚松春秋大義詩欣賞

編　者：陳　福　成
出版者：文　史　哲　出　版　社
http:// www.lapen.com.tw
e-mail：lapen@ms74.hinet.net
登記證字號：行政院新聞局版臺業字五三三七號
發行人：彭　正　雄
發行所：文　史　哲　出　版　社
印刷者：文　史　哲　出　版　社
臺北市羅斯福路一段七十二巷四號
郵政劃撥帳號：一六一八〇一七五
電話 886-2-23511028 ・ 傳真 886-2-23965656

定價新臺幣二八〇元

二〇二三年（民一一二）五月初版

ISBN 978-986-314-634-6　　10469

序 詩史，從春秋大義的高度批判亂臣賊子

為什麼孔子成《春秋》，而亂臣賊子懼？他們怕什麼？那是他們失去了中國（文化）的正統和正義的內涵，就同時失去在中國歷史和空間的合法性；必然也受到春秋精神永恒的批判，乃至怕死無葬身之地，永世不得翻身。是故，孔子成《春秋》，而亂臣賊子懼！

為什麼杜甫的詩被後世稱為「詩史」？因為他的作品寫的是那個時代真人真事，真正的歷史。他強烈反映了時代的氣息，亂臣賊子造成的災難，使人民顛沛流離，士卒流血漂杵，百姓失兒亡家，戰爭的可怕，都記錄在杜甫的詩裡。所以，他的詩被稱「詩史」，使杜甫在中國詩壇獲最高評價，尊為「詩聖」。

每個時代總多少有些黑暗面，讓亂臣賊子有了肆虐的機會，如今位在神州

邊陲的台灣地區。也幸好，這個亂臣賊子竊佔的孤島上，有一個名叫范揚松的詩人，從春秋大義的高度，以「藏頭詩」形式，真實記錄這個不義的時代，並嚴厲批判亂臣賊子妄言惡行，痛批亂臣賊子給人民帶來無窮災難。范揚松的藏頭詩是現代「詩史」，其精神與孔子成《春秋》和杜甫詩史，古今相輝映啊！

在我們中國詩壇上，古來就有人寫「藏頭詩」，但通常當成遊戲詩作，量亦不多，從未有人大量創作。今有神州邊陲之台灣地區，詩人企業家和戰士三合體的吾老友范揚松教授，創作藏頭詩，至今（二〇二三年春）已創作近三千五百首，記錄這個時代的一切。

本書作品是從他的三千多首藏頭詩中，選出俱有強烈政治批判和社會關懷性質者，約三百餘首。「范式風格藏頭詩」，除了有春秋大義的高度，有「詩史」的客觀事實和批判，內容豐富又多樣。稱范揚松「中國藏頭詩第一名家」，真是名實相合，最貼切不過了！

范揚松從年輕時代的詩作，就已涵富春秋大義的精神，並有強烈的政治批判。如他一九八三年的作品〈太史公曰〉，作為本書的范揚松序詩，象徵范揚松一生創作精神的連貫性。

順帶一述，本書編者陳福成聲明，所有已出版之著、編、譯作品，全部放棄所有權（版權），贈為中華民族之文化公共財。所有在中國地區（含台港澳）內出版單位，均可不經編者同意，自由印行，廣為流傳，嘉惠每一代炎黃子孫，是吾至願。

中國台北蟾蜍山萬盛草堂 主人**陳福成** 誌於
佛曆二五六六年 公元二〇二三年二月

范揚松序詩：太史公曰

小子不敏，請析論先人所次舊聞，弗敢闕。

——司馬遷，〈太史公自序〉

一

埋首泛黃典籍，尋覓
被時間浪潮淹覆的聲音
感覺窗櫺搖響，啓闔之間
陽光已自屋簷，施施攀爬
欲圖迫進我日夜據守的城堡
除熙攘，爭辯不休的懸案外
誰有閒情探視我不毀的事業

初春的溫度，蕭蕭的景緻

如何依據花卉來辨識時令？
倒是揣在自己懷裡的史冊
斑駁之後，竟有解凍的意思
我確切感到，那不是季節
不是時間的刻痕，而是
一種愛，一種同情……

如我此刻，溫習著
孔丘的春秋大義，朗讀
詩經的與觀群怨，歷經
無數時序的編校之後
仍然磅礡著無匹的關懷

一股令人窒息的熱情
讓我在故紙堆中，追索
真實的意義；土地與人民
何嘗不為日以繼夜思忖的

標向，座標之間，我發現
一隻熟悉的身影，背負典籍
緩緩前進，幾乎叫人驚悸
那是孔丘，抑或父親的影子……

二

記憶不禁旋返我遠遊之後。
父親衰疲懊喪的神情，一度
激動得無法言語，執我雙手
指尖深深扣住我年輕的血脈
低泣；身為掌理天文祭祀
豈可曲意阿附世俗的封禪
他閃爍淚光的瞳眸，霍霍
揮動孤憤的利刃，森森然
要去逼退所有方士與緯讖

之後，父親給我一把鑰匙

期盼我走進知識與道德的
宮牆，去馳騁我的悲情
體驗精緻的人文悸動
俯仰山川河嶽的氣象
我遂隱身於瑰麗的城堡
構築自己的庭園與美學
讓流轉不居的歷史，馴服
在一條週而後始的軌跡上
且奮發鋪埋凌亂崩裂的險途

我驚駭地發現，一遍
錯誤的岡巒，竟少了一只
釉亮玲瓏的花瓶，主導著
奔碎的秩序回到自己的位置
讓這遍風景的榮枯盛衰
啓示一折逐漸湮逝的真相
雖猶草芥，在蔓草掩飾中

卻仍幽幽發光，廣被流傳
我嘗試鑄鍊自己為這只
釉瓶，合著地理的熟稔
與夫風土節候的洞悉……

三

始終，不願暴露我的
滿腔挫辱與羞憤——
執愛的弟兄李陵君
冠勇三軍卻身陷絕境
為了大漢恩澤擬伺機而動
竟然一片苦衷，被讒言
所傷，暗暗侵蝕他的聲名
昔時奉觴己壽的人，安在？
誇讚阿諛的聲音，為何
變為瑟瑟秋風，掀擊簷角？

我輾轉不眠，滿眼盡是
轉鬥千里，矢盡道窮
而救兵不至而士卒死傷如積
我挺身讒言之中，滔滔論辯
不圖勝負輸贏，而是掙個
患難裡的一份溫暖與正義
即使祭出鏗鏗頭顱，夫復
何嘆？夫復何嘆！
而我想起父親的淚光
以及未完成的瓶之構築
豈能引力逞一快？！唉——
腐刑的屈辱，緊緊困鎖
悲慟的心情，讓刀鋒
舔舐心頭的熱血

不再哭泣，不再哀傷
不再奔走於宮庭之間

僅埋首於古舊的文字
查訪孫臏顛跛的足跡
默記屈原離騷的韻腳
我又何嘆？求仁得仁
勢力猖獗之中，守持在
一份良知與義理，何況
厲火煎熬的建構，已然
在灰燼之間，逐漸

四

俯噭噭蓄生，誰曾憐憫？
典籍青史，盡是貴冑世家
紛然雜陳的史事，我悽悽
惶惶，一再嘗試去擺置
這只渾厚圓融的釉瓶
細緻的亮度，四處採照
宛如舞台的水晶燈，曝現

王侯將相，農商隱士
倡優刺客，醫卜星相
讓鬼魅魍魎現出嘴臉
不善阿諛賣弄的筆鋒
一如我耿介如劍的性情
敢將因果脈絡，一一剖析

咳！
貶天子退諸侯封大夫
自是份內之事，莫遲疑
領受知識的喜悅與真諦
豈求口沫橫飛，一時快意
而在於實踐中一步一腳印
抵抗龐碩的勢力，非僅
洶洶嚷嚷，而必須裝備
自己的信心與毅力，不使
惡毒的蛇蠍，恣肆吞噬

更不教溫軟的羅帳委屈
自己的脊樑，握筆的手
是執劍的姿勢與堅持
豈能口訣荒廢，劍術生疏？
一招一式，都應狠狠出繫
狠狠擊出純青的火花

各個角度，釉瓶都構成了
獨特的風景，我進出自如
在人車喧騰的古中國——
我唯一的愛與歸宿，檢視
失落的禮儀以及細微的聲音
一份關懷、同情，緩緩滲入
這遍廣闊的山川、人物
卑微中，他們莊嚴地活著

五

卑微而又莊嚴地活著
每當午夜驚夢，撫摸
多年不癒的傷勢，我完全
清醒於自己扮演的角色
偶爾，會有憾恨暴襲胸襟
身為史家，除了追尋釉瓶的
存在之外，仍需替典章
制度，政經大局作正名
教時間的變遷刻劃在損益中

我驚訝許多帝王將相
像被抹去的斑點，然而
優伶屠狗者卻醒於史頁
所依憑的，不是華衣名銜
而是萬古不滅的壯懷氣節
進入他們的言行笑貌裡

領略活潑而昂揚的生命
不求表功，不求名顯後世
默默將自己撒成種籽
試圖在春天裡發出綠意
增添土地的顏色，為此
我擲筆三嘆而激動落淚
他們單薄的身影，紛紛
走過我疾疾翻閱的典籍
讀著辛酸的家世與淚水
身為史筆，能不驚覺
他們走過歷史道途的真義
巍峩的典型，不時浮現
我為之立傳，為之抗辯
猶如我的堅決，而留下亙古
戮記，作為一名史筆的
注解——猩紅而深刻
唉——　唉——

毋庸懷疑，我已確切感覺
初春的陽光，攀過高牆
進入窗櫺，遠處的身影
倏然驟馳而來，躍進城堡
轉瞬間，化為千萬個自己
與陽光等速，灼眼的亮度
正恰映照一排隱忍悲憤的
太—史—公—曰

民國七十二年作品

中國藏頭詩（二）——范揚松

春秋大義詩欣賞

目次

第一章　神州邊陲總多事　韓流掀起革命潮

「韓國瑜學分」，瑞士歐洲大學列入必讀個案，柯P川普選舉手法集大成。讚嵌「韓式泡菜・嗆辣變天」（2018.10.01）：

韓信點兵智多星，式樣驚奇世堅情；
泡影成真龍捲風，菜販仗義曝大名！
嗆勁十足打狗行，辣手催心最吸睛；
變中求勝連環計，天翻地覆神有靈！

七百萬人觀看韓國瑜，館長直播氣勢驚人，如千軍萬馬奔來，二胡世家，祖孫三代實力演繹《戰馬奔騰》。悅嵌「戰馬奔騰・萬弦疾發」（2018.10.12）：

戰鼓征塵志不奪，馬龍擊天風雲濁；

奔濤怒潮驚神鬼，騰沸四海變山河！
萬水千山北漂多，弦琴催心看直播；
疾蹄逐鹿勢難擋，發颮雷電破網羅！

驚喜韓國瑜聲勢大漲，有效轉為組織動員力量，鳳山起義首戰傳捷報。陳菊陷黃師俊英含冤落選，盼港都還他公道，彰顯社會正義。樂嵌「韓流襲捲・翻轉高雄」（2018.10.27）：

韓風霸業浪驚濤，流金爍石雪在燒；
襲遠勞師千萬眾，捲甲倍道射大鵬！
翻江倒海怨狂颮，轉輾征途救懸倒；
高崗峻嶺變天極，雄圖競展看今朝！

赴深圳 MBA 講學旅途中，新聞報導得知，驚喜韓國瑜「旗山之役」造勢，三萬人擠爆現場，氣勢威震八方，有望翻轉高雄。賀嵌「旗山夜襲・韓粉沸騰」（2018.11.09）：

旗鼓蔽日狂響鑼，山搖地動撼江河；
夜以繼晝石敢當，襲捲綠林勢盡奪！

韓流奔湧豈南柯？粉絲百萬競拼搏；
沸海掀天天崩裂，騰龍起鳳破網羅！

韓國瑜思維，「人進貨出」發大財，城市國際行銷有具體策略，粉絲挺進岡山一小時人數從七萬衝破十萬。韓流匯聚「岡山起義」，嚴防綠色組織奧步，還吾師黃俊英公道，讓他九泉之下安息。勉嵌「岡山圍爐・翻轉高雄」（2018.11.15）：

岡巒重沓千里遙，山陰道上十萬潮；
圍城打援勤王師，爐焰閃燃引狂濤！
翻天夜襲地動搖，轉舵擊空敢抗暴；
高義薄雲賣菜郎，雄心萬夫射大鵰！

韓國瑜掀選戰大驚奇，觀高雄候選人舌槍唇戰，引爆韓粉熱情火山，賣菜郎決戰官二代；並記海內外企業家校友，齊聚餐會高唱〈夜襲〉、〈愛你一萬年〉。慨嵌「雙雄論辯・直球對決」（2018.11.19）：

雙龍搶珠爭一霸，雄圖競展各比劃；
論政說法批判極，辯口利辭驚萬家！

直眉怒目迸火花，球轉逆勝要發達；
對酒當歌夜襲起，決戰貪腐安天下！

讓愛與包容執政高雄，讓貪腐遠離高雄，韓風大起順勢變天。與歐大校友談選戰辯論，尾盤攻防中看彼此願景，韓國瑜有視野有策略，形勢大好樂觀。勉嵌「翻轉高雄・民主聖戰」（2018.11.20）：

翻天覆地掀韓潮，轉輾港都任狂嚎；
高官重臣三壓境，雄鷹夜襲上九霄！
民怨沸騰浪驚濤，主守自盜殺千刀；
聖賢安在望雲霓，戰天鬥地劍出鞘！

選前之夜回應徐宗〈高雄起義〉、蔡詩萍〈起風了〉鴻文。守護最後的正義，天佑高雄，起義成功，光復港都，選戰倒數計時，全世界關注，嚴防台獨偽政權作弊黑手。勉嵌「起風時節・順勢變天」（2018.11.23）：

起鳳騰蛟震玄黃，風馳電掣賣菜郎；
時來運轉韓流匯，節義三山戰鼓響！
順風襲捲盡洪荒，勢猶破竹擊魍魎；

變危成安藏驚喜，天翻地覆敢鏗鏘！

九合一大選，不法政權的台獨陣營，兵敗如山倒，顯示人民覺醒。高雄起義，韓風吹垮貪腐，取得大勝利，給當權者一個無情的教訓，民心不可逆，倒行逆施者必然要垮台。悅嵌「翻轉藍綠・人民逆襲」（2018.11.25）：

翻江倒海驚韓潮，轉戰港都看今朝；
藍天光照百里侯，綠黯紅稀百花凋！
人妖顛倒無間道，民怨鼎沸雪在燒；
逆施橫行滅東廠，襲捲江山屠龍刀！

也算是統派的大成功，總算給統派人馬一個大鼓舞。即興賀賣菜郎韓國瑜，高票榮任高雄市長，實現「人來貨出」大政策，欣見高雄人潮洶湧，人氣高漲好氣象。喜嵌「鰲躍龍翔・南方崛起」（2018.12.25）：

鰲頭獨佔山河動，躍升斗星迎韓風；
龍在九天爭日月，翔鳳飛鸞出高雄！
南面百城抱懷衷，方駿並行千里通；
崛地萬丈天下小，起家砥礪願無窮！

「土包子」酸語掀起千層浪，又結合韓流將激化選情，延燒到二〇二〇年不息，最後將會燒滅所有的不法綠色偽政權。提議各都會縣市發展三千家包子聯盟，活絡庶民經濟或做公益，讚嵌「包子嚐鮮・滋養眾生」（2019.02.27）：

包羅萬有興百業，子丑寅卯千堆雪；
嚐遍好味香如故，鮮眉亮眼愛未歇！
滋蔓難圖驚四野，養精蓄鋭破萬賊；
眾望所歸江山定，生機勃發貫日月！

韓國瑜走訪星馬港澳中美，再掀韓流高潮，用庶民能懂的語言宣揚他的政策，「人進貨出、人民有錢、台灣安全」。盼無色覺醒，給人民一塊安居樂業的寶島。悅嵌「國家安全・人民有錢」（2019.04.15）：

國事頹唐壞朝綱，家翻宅亂各主張；
安魂定魄求樂業，全身遠害入康莊！
人稠物豐百菓香，民貴君輕爭富強；
有鳳來儀驚韓流，錢潮拍岸響鏗鏘！

韓國瑜參選，凱道誓師起義大會，誓推翻綠色恐怖政權，三十萬韓粉旗海飛揚，嚇壞了躲在偽統領府內的大小漢奸，驚動海內外。在新豐老家與鄉親共看轉播，津津樂道，共為韓國瑜祝福加油。悅嵌「誓師凱道・萬夫莫敵」（2019.06.02）：

誓死不二國旗花，師直為壯愛中華；
凱歌猛進風雲極，道存目擊簇擁他！
萬壑爭流三十萬，夫謀孔多共體察；
莫逆情義驚韓粉，敵戰統領敢當家！

端午酒說農民起義，撒豆成兵論選戰佈署，八萬阿米巴謀略及核分裂。范揚松年輕時就有大戰略眼光，六韜三略盡在其胸中，曾參與九勝一負選戰，撰述選戰兵法三大冊發行，他是詩人與戰士的合體。勉嵌「後山會師・庶民總領」（2019.06.09）：

後發制人浪驚濤，山搖地動神鬼到；
會心切理同慷慨，師直為壯湧韓湘！
庶饈清酌汨羅祭，民胞物與滿懷抱；
總理千軍奔萬馬，領籌兼顧破詭道！

二十萬紅潮制霸台中，統派中部大會師，民怨大沸騰，高舉起義大旗，渴望韓禿帶動韓流大潮，一舉把萬惡的台獨偽政權都推翻。旗海飄成一座「陸上太平洋」，韓流品牌已成 MBA．DBA 最佳行銷個案。驚嵌「紅潮再現．氣吞山河」（2019.06.23）：

紅旗報捷鑼鼓喧，潮湧驚濤奮爭光；
再戰江湖不怕黑，現鐘猛打擊奸險！
氣衝斗牛軒轅劍，吞刀吐火大悲願；
山窮水盡無絕路，河奔海聚競通天！

新竹挺韓封關造勢，三十萬群眾說義民談忠孝，齊唱客家本色，客家族人絕不會支持非法的台獨政權，感人肺腑。並感恩范揚松老母仙逝三日，即收到韓國瑜市長「福壽全歸」紅色大輓聯。讚嵌「穿雲萬箭•新竹相見」（2019.07.01）：

穿山越嶺過險峰，雲集響應引東風；
萬機燈海照日月，箭射大鵬立戰功！
新知舊雨勢猶虹，竹苞松茂山河動；
相挺忠義客家郎，見日撥雲出統領！

呼應中央通訊社前董座，國祥學長讜論，韓國瑜是天生領袖人物，郭台銘則是強勢管理者。按范揚松曾在MBA、DBA班講授〈第五級領導力〉課程，郭董之器度、能力和人品，只達第四等級。論嵌「庶民經濟・迎戰郭霸」（2019.07.05）：

庶黎塗炭爆積怨，民窮財匱憒告天；
經邦緯國應奮起，濟河焚舟救倒懸！
迎頭逆襲錢通權，戰不旋踵除奸險；
郭家金穴有時盡，霸王風月恨無邊！

感懷韓國瑜青年軍〈紅花雨〉影片，背景取自新竹家鄉會場，旗海飛揚，舞動統派人心，台獨份子看了怕怕。韓氏庶民兵法的成功，將成為海內外選戰經典，他一人救一黨，無人能及。讚嵌「紅花雨落・萬眾歸心」（2019.07.10）：

紅梅怒綻百萬千，花繁錦秀照歡顏；
雨淋日炙春箏甚，落子不悔奔向前！
萬家生佛燈無邊，眾志成城震九天；
歸根結柢接地氣，心潮澎湃見能賢！

政大校友之光，賀韓國瑜支持度以四四%，大勝郭台銘，代表KMT出馬競選台灣區大統領，把貪腐的台獨偽政權下架，功在中華民族。范揚松曾為韓國瑜出謀獻策，盼清廉又賢能者出頭。勉嵌「逆增上緣・愛與包容」（2019.07.15）：

逆風惡浪黑韓潮，增葉添枝豈草包；
上善若水總不器，緣起不滅聲量高！
愛人利物美麗島，與民振奮破蕭條；
包羞忍辱堪大任，容顏煥發劍出鞘！

庶民覺醒第一槍，高雄內門偏鄉齊聚萬人，高喊唯一支持韓國瑜，力促百姓當家，振興庶民經濟。顯見韓流確實產生了強大的感染力，統派只有團結才能加持韓流壯大，才是最後勝利的關鍵。勉嵌「內門起義・石破天驚」（2019.10.07）：

內照返觀迎北斗，門到户説競奔走；
起根發由因仗義，義憤填膺鬼見愁！
石城湯池志不奪，破釜揭竿敢沉舟；

天若有情同慷慨，驚醒庶民獅子吼！

欣聞韓市長請假北伐，高歌一曲〈出征〉，場面叫人動容，庶民百場起義以迎王師。政客名嘴不斷黑韓可以休矣！自由時報都是假民調是眾所周知的事，韓潮大軍會票票入甌。概嵌「出征北伐・全國起義」（2019.10.16）：

出夷赴險雲天開，征兵遣將歌慷慨；
北辰星拱夜襲極，伐罪弔民逞雄才！
全心戮力創別裁，國家干城爭風采；
起鳳騰龍本無種，義膽忠肝遍全台！

賀喜統派韓國瑜陣營「國政配」成形，這是能力和清廉的組合，為百姓下架貪腐的小英漢奸政權，翻轉支持率再升一成。范揚松與張善政院長，曾在國祥兄新書發表會上相談甚歡，交流客家政策並合影留念。喜嵌「國政領航・分進合擊」（2019.11.12）：

國士無雙出人傑，政壇絕配抗偏邪；
領袖群倫破貪腐，航海梯山度萬劫！
分形連氣志猶鐵，進賢任能揪團結；

合膽同心救倒懸，擊搏挽裂朝天闕！

庶民一方正義清廉的「草包」，對不法的漢奸邪惡「空心菜包」，南蠻孤島正上演正邪對決，而神州王師卻使不上力，正義的韓營自求多福，孤軍奮戰。而韓流高潮大起，也讓邪惡的妖女魔男心頭怕怕，韓營兵法將成MBA、DBA最佳案例教材。趣嵌「草包誘敵・反擊民調」（2019.12.02）：

草木皆兵驚劍橋，包山吞海藏詭道；
誘秦騙楚反間計，敵愾同仇殺千刀！
反經合道射大鵰，擊鼓直破龍王廟；
民心向背奔夜襲，調兵遣將競折腰！

響應胡幼偉兄，倡議人人期待韓國瑜當選台灣區統領，眾多強烈的期望產生願力，眾多強烈的願力化成投票行為，此種正能量產生威力，使邪魔歪道害怕。此謂邪不勝正，勉嵌「許願集氣・眾志成城」（2019.12.07）：

許國以身歷艱險，願力無邊救倒懸；
集聚義士成大業，氣沖斗牛換新天！
眾口爍金敢為先，志同道合勤相勉；

成龍配套連環計，城俯在胸出能賢！

這被上天詛咒的南蠻孤島，經歷一劫又一劫，至今神州王師尚不來救。貪腐橫行，東廠西廠再現，使人民在水深火熱中沈淪，民不聊生，韓國瑜主張再成立特偵組，嚴辦現有的高官七大弊案，范揚松起而聯盟讚成支持，慨嵌「重啟特偵・嚴懲貪腐」（2019.12.19）：

重規襲矩懸明鏡，啓聖黜昏聚群英；
特起異軍當振奮，偵辦權貴不留情！
嚴刑峻制樹威名，懲惡除邪正視聽；
貪贓枉法虎頭鍘，腐折枯催祭生靈！

韓潮大流全島滲，翻轉台島大遊行，從北到南，自西到東，掀起韓流大潮浪。驚喜挺韓嘉年華大遊行三十五萬人，隊伍在和平歡樂中落幕，自由時報的假民調得痔瘡，韓營得民心者得天下。悅嵌「南方崛起・榮耀高雄」（2019.12.22）：

南金東箭穿雲霄，方以類聚掀紅潮；
崛地千尺無盡數，起鳳騰龍多英豪！

榮歸庶民浪驚濤，耀武昭威行大道；
高歌猛進齊慷慨，雄圖偉略看今朝！

韓流運動民歌〈紅花雨〉，由小蟲、洪宇作詞，小蟲與 Johnny Chen H 編曲，感動人心，「風雨相守、不離不棄」。歌曲堅信翻轉一個時代，使邪惡下架，當局的黑韓「抱嬰事件」，引發更大民憤，激發台中造勢五十萬人大熱情，看那媚日舔美的漢奸政權囂張到何時。慨嵌「紅花雨落・藍天翻轉」（2019.12.24）：

紅旗報捷自高雄，花繁錦綉勢猶虹；
雨過天青求逆勝，落子無悔拼搏中！
藍縷篳路志不窮，天羅地網恣抹紅；
翻黑倒黃豈草包，轉海回天人中龍！

欣聞韓國瑜上博恩夜秀，展現幽默機智，包容異見，吸引年輕人流量破二百萬。夜秀感染力正在漫溢中，可能翻轉更多選票改投韓，扭轉整個大局，期待聲量大破四百萬，不法貪腐集團才會感受到垮台的恐懼。勉嵌「博恩夜秀・愛與包容」（2019.12.26）：

博聞廣識脫口秀，恩威並濟任出糗；
夜郎戲鬧刁蠻極，秀才談笑敢暴走！
愛老慈幼多籌謀，與觀群怨踢北斗；
包羞忍辱真慷慨，容言拭面泯恩仇！

觀台灣區統領政見辯論，韓國瑜言詞鏗鏘，彰顯廉能大義的領袖風範，氣勢不凡。反觀不法的貪腐小英，言詞顛三倒四，靠讀稿機完全無力回應，這個「一生行騙」的女人，見光就死，見不得人啊！慨嵌「尖鋒對決・斬妖除魔」（2019.12.28）：

尖嘴薄舌狂黑韓，鋒芒畢露競揭竿；
對症發藥罵傀儡，決疣潰痈陰魂散！
斬將搴旗豈一般，妖不勝德心膽寒；
除奸革弊特偵組，魔重道高破天關！

感動三十萬人，在雨勢滂沱，土地泥濘的場地中挺立，為支持韓國瑜起義，反抗不非台獨偽政權，終結貪腐集團。范揚松研究選戰三十餘年，目睹此景，感動肺腑如三山造勢，韓流浪潮已然席捲全台，給統派莫大鼓舞。勉嵌「風雨同舟・誓換新天」（2019.12.30）：

風劍霜刀不屈服，雨霾泥濘赴征途；
同歸殊途共俯仰，舟連車擊豈肯輸！
誓心指日逐大鹿，換姓改朝爭光復；
新人領異韓家軍，天翻地覆必勝出！

欣聞韓國瑜發佈競選政綱，「台灣安全・人民有錢」，為下一代競爭力鋪路，也等於挽救沈淪的台島，大公無私的精神，才是廣獲大眾支持的基礎，更是韓流的動能。范揚松受託撰提〈客家及中小企業政策意見書〉，盼助統派韓營棉薄之力。勉嵌「國政綱領・天道酬勤」（2020.01.06）：

國之干城固金湯，政簡刑清振家邦；
綱舉目張擎天柱，領新標異爭富強！
天覆地載智慧藏，道同義合皆將相；
酬功給效砥勵甚，勤學奮進入廟堂！

百萬人民上凱道起義，驚天的氣勢，掀起千堆雪浪，各地揭竿而起，聲討非法的媚日舔美賣台貪腐政權，民心之力沛然莫之能禦，台灣人民的苦難有救了。范揚松在凱道上，親身感受革命浪潮的洗禮，與廣大的人民群眾共同沸騰，一起記錄這段打倒貪腐的大歷史。慨嵌「旗海狂潮・風雲逆轉」（2020.01.09）：

旗鼓擊空驚波瀾，海嘯山崩萬箭穿；
狂飆怒吼換日月，潮鳴電掣決死戰！
風瀟雨晦破險關，雲起龍驤見天藍；
逆勝百萬終可待，轉輾江山凱歌還！

響應趙少康知識經濟論述，統派的郭宋各陣營應集中粉絲，共同支持韓國瑜，才能逆勢突破，獲取最後的勝利。如果統派老毛病不改，「內鬥內行，外鬥外行」，本身不團結而求勝利，自古以來，未之有也。勉嵌「集票奮擊・日月重光」（2020.01.10）：

集鳳騰龍千里行，票投韓匾志相挺；
奮袂急起逆轉勝，擊天九霄聚雄兵！
日角珠庭好視聽，月落參橫曉分明；
重整旗鼓國政配，光車駿馬王者興！

千山不必獨行，百萬紅潮又將起，回應大作家謝荻宜建議，萬人打傘送韓國瑜，以感念其清廉勤政愛民。古代政績卓著的父母官辭行，有萬人持傘護送，韓國瑜理當享有這項高規格尊榮，這也彰顯人間社會尚有微弱的正義存在，雖然南蠻孤島已被妖女魔男全面控制。憤嵌「萬人送傘・功標青史」（2020.06.10）：

萬家生佛照八方，人民城郭競思量；
送抱推襟情不捨，傘花千里愛無疆！
功德未滿幾斷腸，標新領異曾驚浪；
青天碧海同慷慨，史冊丹心日月光！

韓先生來敲門，敲響千家萬戶……韓國瑜簽書會，韓潮再現大安森林公園！氣氛熱烈，掌聲響起！此情此景，台灣政治人物誰有此種群眾魅力。韓郎退出政壇兩年，仍深入民間疾苦，此次簽書會沒有動員，仍齊聚數萬人，旗海飄揚，呼聲震天。慨嵌「韓流驚浪・眾望所歸」（2022.01.02）：

韓風捲雲心相聯，流韻餘香滿人間；
驚心動魄萬等待，浪濤裂岸敢爭先！
眾星拱北創新天，望遠懷想呼能賢；
所在粱山聚義極，歸心王師拼向前！

第二章　統派陣營中有鬼　團結與否喬不定

范揚松心繫統派的團結，只有團結才能打敗獨派的妖女魔男，尤其針對國民黨以外，最大的統派組織由宋楚瑜領導的親民黨，至今未能完全「國親合」，老范的呼籲成了白做工。國親「畸戀」讓人多麼失望！這裡面一定有鬼，何時能把鬼捉出來？統派才能團結。勉嵌「暗通款曲・情愛由人」（2015.09.02）：

暗香浮影幾逢春，通好情瑟音轉沉；
款款風情藏不住，曲調有譜月黃昏！
情懷相契意渾沌，愛欲眷戀難離分；
由來醉傾城與國，人間驚奇最消魂！

統派有一支擎天柱，堅定的站在全民族的利益上，一生都在為兩岸統一而奮戰，她就是「現代革命女俠洪秀柱」。可惜國民黨內部鬼太多，而且鬼勢力強大，有機會主義者只顧私利，更多「藍皮綠骨」，女俠一再敗退，但她的承擔也叫人感動，至少留下大義之記錄。勉嵌「勇敢承擔・真誠擎天」（2015.09.07）：

勇志直前石敢當，敢將肉身擊魍魎；
承天重啓求逆轉，擔綱領導怒金剛！
真情俠義抗豺狼，誠裂金石勢難擋；
擎柱相挺應揪團，天道酬勤溢彩光！

觀前「習馬會」記者會轉播，感慨萬千！風光一會，但統一的事完全沒有進展。再加上馬英九的軟弱無能，他完全受制於台獨惡勢力，八年讓台灣離祖國越來越遠！說他是「亡黨亡族亡國之君」不為過，他背離他父親「化獨促統」的期許。勉嵌「馬習相會・再創紅利」（2015.11.06）：

馬蹄急馳越邊疆，習馬密察鑿祥光；
相等洽議競與合，會有新猶驚四方！
再論和平萬家香，創發高台作橋樑；
紅花徵逐趁勢起，利澤蒼生石敢當！

誌台灣區統領大選，立委客家委員會成立。感動啊！身為中華民族數十族中之一大族，同是漢族一大支系，客家民族始終在為統派加持。范揚松更是客家族的驕傲！勉嵌「呼群保義・發揚客家」（2015.12.24）：

呼聲價響震天高，群情激奮鼓狂濤；
保疆護土忠魂在，義挽倒懸在今朝！
發皇褒忠生死交，揚帆浮翠不招搖；
客居八方即故鄉，家國匡危引風騷！

敬佩「現代革命女俠洪秀柱」，投入艱困選區角逐立委，郭董等大老袖手旁觀，著實汗顏。統派應團結支持洪秀柱，未來才有重返執政的可能，內部都不團結而想取勝，自古以來，任何戰場都聞所未聞。勉嵌「不讓鬚眉・一柱擎天」（2019.08.11）：

不懼斧鉞誓慷慨，讓逸競勞金石開；
鬚髯不見老藍男，眉橫目瞪罵搖擺！
一以擋十破萬財，柱深柢固上高台；
擎舉乾坤擔道義，天下英雌真將才！

讚嘆王喬公金平，忍辱負重裂解國民黨，手段高明，不遺餘力的承擔台獨黑手的任務，縱橫政壇四十年，沒學到對黨國盡忠，高估自己，低估別人，錯估形勢。王金平在統派的存在，是統派的不幸與致命的痛，因為他骨子裡就是民進黨的人馬，只是在國民黨臥底。憤嵌「喬王戲法・偷腥染綠」（2019.09.02）：

喬文假醋公道伯，王郎天壤任穿梭；
戲珠九龍不肯讓，法輪常轉舞婆娑！
偷樑換柱竟苟活，腥羶遍體不忍說；
染指江山無上限，綠骨藍皮志可奪！

郭柯王合組第三勢力，藍營無力整合，嘆郭王背信棄智，晚節不保，一代梟雄毀於一念之間；棄媽祖關公不顧，求城隍何用？郭王權謀逆行，天理不容，不顧蒼生，只有私利。凡此，與不法的漢奸妖魔何異？可恨啊！加速弱化統派，而使台獨惡勢力更加壯大。鄙嵌「叛黨禍國・無赦開鍘」（2019.09.12）：

叛信背義貪瞋痴，黨同伐異競無恥；
禍心包藏偽善甚，國亂倒懸尹胡扯！
無腸了斷問神祇，赦無可赦千夫指；

開心剖肚看顏色，鍘刀起落不疑遲！

郭台銘棄選，有如宮廷鬧劇，企業家一夕驚變政客，滿口仁義道德，言行不一，拜廟也是欺弄眾神。看來那權力的滋味定是多麼美妙！凡有點來頭的人物，都想到權力欲海中玩玩，享受一下呼風喚雨的架勢，難怪這南蠻孤島會亂成這樣，成為詐騙王國，何時王師來救？慨嵌「世事如棋・乾坤莫測」（2019.09.18）：

世變詭譎風雲急，事火咒龍藏算計；
如鯁在喉天殺的，棋局逆轉誰匹敵？
乾綱自用捨棄離，坤倪有兆接地氣；
莫道黨國多頹唐，測海持蠡總小器！

怪哉！郭台銘又不服輸，仍企圖操弄政局，直覺他已背信毀國，盡是對統派不利的言行，甘成台獨惡勢力之外圍。其暴虎憑河，顯見貪瞋痴未減，仍痴迷於金錢萬能，庶民起義不遠矣。哀嵌「曾為豪傑・終成鬼雄」（2019.09.30）：

曾無與二郭霸天，為虎添翼任倒懸；
豪強一時輸不甘，傑傲剛愎敢為奸！

終南捷徑錢通權，成群結黨亂人間；
鬼蜮魅影囂狂甚，雄雞夜鳴盡烽煙！

敬佩俠女洪秀柱放下身段，包容異己，親征台南艱困區，真是驍勇善戰奇女子。吳朱韓三人到台南造勢，柱柱姐一席話，震驚全台。悅嵌「一柱擎天・不讓鬚眉」（2019.11.02）：

一擲乾坤勢勃發，柱地補缺迎凶煞；
擎天架海驚濤浪，天旋地轉救中華！
不懼森羅滿風砂，讓逸競勞披戰甲；
鬚髮如戟鎮南關，眉橫目瞪敢搏殺！

冷眼看吳敦義，帶頭「卡朱阻韓」，引郭入室，私心排己入不分區，嘆荒腔走板，國民黨內鬨內行老毛病不改。中央未與地方接氣，不能與庶民起義大潮相呼應。慨嵌「政客分贓・醜態百出」（2019.11.17）：

政由己出半遮天，客寄宦海堪孤懸；
分官封地苟活極，贓私狼籍走偏險！
醜聲遠播忌能賢，態勢頹喪競弄權；

百萬王師今安在？出處進退亂人間！

參加全國工商界協會，力挺「國政配」後成立後援會。從連戰、吳伯雄、吳敦義等達官顯要，冠蓋雲集，展現國民黨難得的團結氣氛。工商界站出來力挺國政配，有利投資環境，「人進貨出」發展經濟。勉嵌「國家安全・人民有錢」（2019.12.17）：

國政無雙顧利權，家至户察見青天；
安居樂業當盼望，全身遠害救倒懸！
人神共奮擊長劍，民胞與與天可憐；
有鳳來儀財神到，錢過北斗不等閒！

激賞助選大將謝龍介，驍勇善戰，辯才凌利，台語出神入化可當主席也。范揚松關注選戰三十年，龍介仙俚俗妙語如珠，舞台魅力當是全台第一名。悅崁「龍介大仙・機鋒進出」（2019.12.18）：

龍戰在野金鼓響，介士披甲石敢當；
大軍壓境猶談笑，仙人指路馳疆場！
機變萬端語鏗鏘，鋒發韻流口成章；

盡忠竭誠求翻轉，出將入相可稱王！

現世報！老天有眼民氣可用罷綠委，罷免台獨偽政權的桃園邪惡議員王浩宇，過關普天同慶，真是桃園人展現了良知良能，用選票維護了社會正義，且罷免票高過當選票五倍，可見王鬼有多爛。民氣可用，統派應趁勢罷免「萊豬、核食」立委，保障人民健康。慨嵌「倒宇天光・罷王覺醒」（2021.01.17）：

倒行逆施多腥聞，宇內憤懣亂方寸；
天道不容邪惡子，光復中壢中華魂！
罷黜奸惡鼓風雲，王奸氣短成孤軍；
覺人警世莫囂狂，醒瞶振聾殺惡人！

悼念統派才子、溫文儒雅前立委龐建國教授，以墜樓死諫向台獨偽政權抗議，喚醒中華魂。回應老友詩人、《競爭力論壇》執行長謝明輝兄所言，為龐之死諫陳述，情深義重，聞之鼻酸！到底要死多少忠良？才能喚醒人民的正義大潮，起來推翻邪惡的台獨政權。哀嵌「公義淪落・屈原同悲」（2022.01.10）：

公門被竊出妖孽，義士抗議多悲切；
淪肌浹骨憤慨極，落珮倒冠恨難絕！

屈負頭顱孤臣劫，原燎巢焚競相賊；
同仇敵愾應揭竿，悲歌擊筑送相別！

熱眼看台北市民仇恨值和光榮感。鑼鼓喧天，相互搶票綁樁，蔣萬安轉守為攻，對奸惡政權的陳時中提出每日一問，百日百問，同時與侯雙北共生圈有共同行動方案。擴大戰場，蔣侯雙北共創聲勢，共享票源，共同當選，共同發展區域經濟，共創光榮感。勉嵌「萬安演習・攻其必救」（2022.07.17）：

萬馬奔騰戰沙場，安內攘外露鋒芒；
演武修文霸圖在，習與性成拼狷狂！
攻城掠地殺綠魔，其中棄保智珠藏；
必操勝卷結盟極，救援雙北行無疆！

台灣人騙死台灣人。台灣黑幫騙一大堆台灣人到國外，立即被控制，被迫做苦力剝削，有不從者被打被殺，甚至被摘身體器官販賣至死。台獨政權是國際孤兒，無力救援，外交單位昏庸無為，中華統一黨白狼出面營救人質，反受妖孽小英貪腐官員制肘，台獨份子冷血無上限。憤嵌「南向悲慘・人間煉獄」（2022.08.20）：

　　南蠻諸國藏凶險，向壁虛造競謊言；
　　悲愁垂淚任哭嚎，慘絕人寰失樂園！
　　人面獸心命抵錢，間不容瞬誰救援；
　　煉火殺身豬仔恨，獄持奪命魂歸天！

披戰袍！為蔣萬安競選台北市長出謀獻策打勝仗，爭取客家五十萬選票，應邀擔任「客家後援會」決策小組召集人，范揚松提《客家新都》規劃，發展客家產業與文化，加強客家產業與世界聯結，發揮客家關鍵力量。勉嵌「台北萬安・逆轉奪勝」（2022.09.11）：

　　台閣生風話鏗鏘，北鄙聲擊偷窺狂；
　　萬馬奔騰義民軍，安邦治城救危亡！
　　逆增上緣破羅網，轉海回天驚濤浪；
　　奪胎換骨新客家，勝算在心敢稱王！

「抗陳時中、保台北市」，大貪官阿扁罵踏萬具屍體想上台北市長，疫苗封存，貪腐不絕又見偷窺舔耳，抹紅慈濟。陳時中跌落神壇大崩壞，1450 邪惡網軍再包裝，愈見其虛偽冷血，將流失更多選票。慨嵌「抗中保台・票投萬安」

（2022.09.16）：

抗塵走俗競荒唐，中飽綠囊敢贓枉；
保密抹紅譙慈濟，台北豈容喪心狂！
票選賢能聚義堂，投鞭斷流驚濤浪；
萬箭齊發擊貪官，安居樂業爭富強！

挺萬安！台北客家後援會齊聚造勢。台北地區有五十萬客家鄉親，乃為兵家必爭，父輩客家如吳伯雄、劉盛良、范姜炳煌、范成連等，都認同支持蔣萬安。在景美造勢，鑼鼓喧天，萬頭攢動，爭睹蔣萬安風采，聽他宣讀客家政策綱領，台北客家要大發展了。喜嵌「客家應援・萬馬奔騰」（2022.09.18）：

客寄北都多聚散，家業發皇代相傳；
應風披靡義勇軍，援戈投袂求翻轉！
萬安情義拼肝膽，馬如游龍破天穿；
奔走呼號催票急，騰蛟起鳳定江山！

揭竿起義！政大學妹柯志恩教授力戰群雄，與諸教授臧否六都藍綠參選人，柯教授雄才大略，辯才凌厲，在艱難選區義無反顧，勢壓貪官陳其邁。期待韓流再現，高雄人不應再忍受天坑和貪腐治理。勉嵌「女力崛起・逆轉高雄」（2022.10.02）：

女媧補天挽狂瀾，力鼎強權救三山；
崛地千尺聾聵驚，起鳳騰蛟見天藍！
逆增上緣歷艱難，轉守為攻南台灣；
高歌猛進拼搏極，雄姿英發破險關！

溫良恭儉不讓，用清廉勤政愛鄉土拼選戰。張善政獲勝必須整合在野票源，注意鄉下村里買票仍非常多，更要防著邪惡台獨高層的電腦作弊，模擬十大爛招作弊的危機預應。真是防不勝防！台獨份子天生就以詐騙起家，更加要防！呼嵌「險中取勝・善政治理」（2022.10.03）：

險阻千關萬仞峰，中流砥柱擊藍空；
取亂存亡拼綠魔，勝略籌謀妙算中！
善甲厲兵敵綠毒，政清刑簡天道通；
治亂安民義相挺，理冤摘奸勢猶虹！

第三章　魔男妖女亂台島　五鬼搬運謀私利

妖怪就是愛作怪，亂搞「去中國文字化」。看啊！台灣區妖女大統領春聯「自自自冉冉」，這是啥東東？春節是中國人數千年傳統節慶，連這個也要作怪、搞反對，不是妖孽是什麼？看張大春、彭文正批判有感。慨嵌「怪聯驚奇・歡喜自冉」（2017.01.04）：

怪誕不經掀狂濤，聯翩浮想愛招搖；
驚聲尖叫揪賴奸，奇技淫巧競風騷！
歡迸亂跳跨春宵，喜怒哀樂添煩惱；
自恣跋扈為什麼？冉冉纏纏殺千刀！

哀台獨邪惡勢力迫害忠良無上限，無理頭把任職台北農產運銷公司的韓國瑜拔除，換酬庸一個什麼都不懂，也看不懂表報的吳音寧（台獨份子吳晟的女兒）。哀嵌「昏庸文青・菜賤傷農」（2018.03.11）：

昏瞶無能酬高薪，庸碌瀆職害鄉親；
文過飾非不知恥，青雲平步獨神隱！
菜腸草腹金包銀，賤斂貴出淚滿襟；
傷殘遍野雲嘉南，農時違誤無良心！

讚賞李艷秋大作，批判吳音寧事件的荒唐無恥，好好的人才韓國瑜被鬥下台，叫吳晟的女兒吳音寧去領導台北農產運銷公司。吳音寧什麼也會，連表報都看不懂，就坐上年薪二百五十萬的大位，這些台獨份子的無恥、貪腐、邪惡，到了叫人怒髮衝天的地步。難怪台島一步步沉淪，哀嵌「父酬聯盟・庸才當道」（2018.04.06）：

父貴子顯搖綠旗，酬功賞賜搶封地；
聯姻掛靠權與錢，盟山誓海強爭利！
庸懦無知踞名器，才無志狂無匹敵；
當局者惡任頹唐，道盡途窮是末路！

哀哉！新教育部長吳茂昆醜聞連連。哀哉！雖然只是一個偽政權的偽部長，也是一個重要「名器」，怎會連爆醜聞？吳部長一路上升都是用騙的嗎？騙死人不償命啊！應即刻停職下台，接受司法調查。憤嵌「弄權謀私．德不配位」（2018.04.26）：

弄法舞文亂紛紛，權錢腥羶臭難聞；
謀為不軌猶狡飾，私慾難填吳茂昆！
德無能少抹朱粉，不成體統偷乾坤；
配享名器天下笑，位極人臣盡蒙塵！

哀偽大統領拔管後，偽統領府成了星戰基地，群魔眾妖在府內亂舞。就在「新五四」同日，府內開了坦胸露乳的轟趴，這偽統領府竟成了夜店，或現代青樓嗎？哀嵌「星戰迷航．神鬼交鋒」（2018.05.06）：

星馳電掣登廟堂，戰士妖嬈露春光；
迷途難返奪魂令，航向孽海最荒唐！
神道設教拔管忙，鬼哭狼嚎妖魔亂；
交頸陳抗應悲憤，鋒鏑奮擊金光黨！

怪哉！哀哉！小英邪惡偽政權竟不逮捕殺人通緝犯，寧放棄司法主權，棄正義不顧，徐國勇說詞荒謬失格，矛盾台獨貪腐黨出賣台灣人民。邪惡貪腐集團，自然是沒有正義，只有權錢和私慾私利，不管人民死活。斥嵌「閹割主權．反中辱國」（2019.10.22）：

閹黨亂政恣猖狂，割地賠款競荒唐；
主子邪惡下全奸，權謀燻心膽囂張！
反唇相識滿嘴髒，中道頹廢民斷腸；
辱身無志逞花舌，國格賤賣偽部長！

斥統領府丁發言人，心中沒有國家，縱容焚燒國旗者，身為主管大言不慚，知識份子沉淪，真是亡國亡種之妖孽，如何稱之為人？哀嵌「焚燒國旗．數典忘祖」（2020.04.23）：

焚骨揚灰上高灘，燒身鬼火臭腥羶；
國家根本不可棄，旗鼓重整決死戰！
數術算計心膽寒，典範猶存代相傳；
忘恩負義盡狼狽，祖宗豈饒台獨漢！

三倍卷之亂，彰顯偽政府高層盡是無能之輩，光坐大位領高薪，碰到事情治絲益棼，綁卡謀利擾民，公權力完全失能失靈。而貪污搞錢、玩法弄權、迫害忠良，台獨高官可謂人人第一名。哀嵌「巧取豪奪・賤民貴主」(2020.07.05)：

巧言詐騙三倍券，取諸宮中算計先；
豪管哀弦難確辛，奪命迫害也能賢！
賤斂貴出集權錢，民脂民膏嘆可憐；
貴極人臣任顛倒，主守自盜全背祖！

太驚駭！台島高層都在詐騙造假，如何教育年輕世代？有樣學樣，大統領的論文造假，社會有「鮭魚之亂」。台島青年為貪吃壽司，改名鮭魚，真是自作賤！而放眼看看台島年輕世代，已完全集體弱智腦殘，才縱容台獨邪惡勢力「去中國化」，導至台島成了文化沙漠，中華文化蕩然不存。哀哉！悲哉！痛哉！恨嵌「無恥鮭魚・壽司何辜」（2021.03.19）：

無智腦殘廢青年，恥賤自取毀名銜；
鮭懶趴火燒不盡，魚死網破魂歸天！
壽陵匍匐恨可憐，司馬方外競作賤；
何足道哉貪瞋痴，辜負父母不要臉！

為什麼身為民意代表，一直在公共場所念「三字經」，「幹╳娘」，這就是邪惡台獨妖魔所支持的政治人渣。陳柏惟離經叛道，背祖叛宗，大港開唱幹話連篇，議堂上挺萊豬大麻核食，毒害台灣人，且為台島之亂源，應下架陳柏惟這種社會敗類人渣，給小島一個乾淨的角落。憤嵌「掃除殘渣．天道好還」（2021.10.05）：

掃穴犁庭向前衝，除暴安良當有種；
殘毒務盡幹你娘，渣男作孽失心瘋！
天理昭彰競唬嚨，道高魔重走偏鋒；
好景不常塔綠班，還魂借屍夢成空！

妖風四起！回應張景為兄讜論，批判台獨邪惡高官，鷹犬當道，官老爺們住在幽靈獨裁國領冥紙……近看邪惡妖女小英四堅持，老漢奸蘇貞昌不要臉，謝志偉吐血說莊嘉豐幽靈國論，汙辱了台灣無人有智商。嘆嵌「泰山壓頂．強辭歪理」（2021.10.13）：

泰極而否妖風狂，山川震眩詭主張；
壓良為賤德不配，頂門狼犬光頭昌！

強嘴拗舌鬼撞牆，辭鄙意惡奸膽壯；
歪理邪說千刀剮，理虧怒目逞霸王！

貪污之子陳其邁亦貪腐子，用過去同一標準檢視應下台。高雄城中城大火災死四十六人，市府無人負責，無人下台，高雄氣爆善款濫用也無人負責，這就是貪腐政權的嘴臉，貪污第一，吃相難看。幹嵌「城中惡火・究責市長」（2021.10.18）：

城狐社鼠聚滿堂，中風狂走煙花香；
惡政敷衍綠媒噤，火海刀山盡死傷！
究底刨根都護短，責歸官署成爛帳；
市井蒼生苦人多，長戟高門鬼撞牆！

哀哉！學者出身的偽外交部偽部長吳釗燮，知識份子沈淪為惡的典型代表，厚顏居高位，一問三不知。一連斷交了六七個國家，他成了「斷交部長」，他無德無才無能無為無知，只要會搖旗吶喊，就可穩坐高位，坐領高薪，這是典型的台獨貪腐政權，台島必然沉淪。憤嵌「斷交部長・荒腔走板」（2022.03.12）：

斷井頹垣破河山，交臂相失驚喪膽；

部將昏聵帥無能，長轡遠馭兵馬亂！
荒繆絕倫位素餐，腔油舌滑不把關；
走肉行屍甘舔美，板蕩孤島只擺爛！

被「817」白痴豢養的政二代，有「1450」當側翼，巧言令色，無德丟盡立委名器的臉。什麼玩笑！弱智立委何志偉鼓吹用電玩打導彈大砲，用掃帚保衛台島，叫八家將上戰場。若是，正好完成兩岸統一，何志偉有功焉。悲嵌「滿嘴荒唐‧電玩抗敵」（2022.03.18）：

滿臉幼稚放狂言，嘴歪眼邪驚翻天；
荒謬綠揆掃帚幫，唐突無稽任瘋癲！
電掣砲彈不長眼，玩兵黷武惹人嫌；
抗塵走俗八家將，敵國外患禍相連！

沒天良啊！1450保皇側翼竟無血無淚沒人性！疫情如猛虎，台獨高層卻阻擋進口快篩劑，高官殘民自肥，可憐蒼生只有等死。網軍已成災難源頭，817成智障腦殘，無血為貪腐惡勢力帶風向，而知識份子噤聲，任由綠媒控制言論，為邪惡政權塗脂抹粉。哀嵌「快篩乞丐‧怒轟側翼」（2022.05.15）：

快犢破車出亂象，篩劑困乏人板蕩；
乞兒蘇燦颺國罵，丐幫仗義炸鍋響！
怒目金剛震魍魎，轟天裂地石敢當；
側詞艷曲任高調，翼羽造孽就快亡！

大爆笑！時指緊蔻潑糞噴尿水，大戲劇情高潮，追劇令人眼花瞭亂。周玉蔻賣力演出「寶寶事件」以後，罵上人批慈濟，驗血統，揭緋聞，反噬陳時中，真是養虎為患，騎虎難下。綠毒執政，名嘴橫行，周玉蔻再演下去，綠地變藍天，笑嵌「陳亡敗蔻・玉時俱焚」（2022.09.25）：

陳規陋習愛封存，亡魂喪膽競緋聞；
敗象全露急驚瘋，蔻姐閃電鬼叫春！
玉食錦衣舔腥葷，時來運蹇命多蠢；
俱是狼狽連千結，焚巢搗穴換乾坤！

大爆卦！蔻姐大鬧地檢署，不實爆料毀張淑娟名節，敗訴女王綁架民進黨示愛陳時中，櫃姐大鬧天宮，再聽張淑娟控訴哭聲，淒厲令人唾棄綠媒及候選人。台獨的化妝師 NCC 縱容，豢養 1450 抹黑造謠，必將造成選大流失，真是惡有惡報。概嵌「惡女霸凌•撕肝裂肺」（2022.09.28）：

惡紫奪朱恣張狂，女丑潑糞喪天良；
霸王道歉鱷魚淚，凌弱暴寡增聲量！
撕毀名節鬧法場，肝腸寸斷嘆悲涼；
裂膽飛魂哭號極，肺腑同情殺魍魎！

誌趙藤雄及李述德等，因政商弊案求處重刑，讀報得知大巨蛋喬蛋變混蛋，涉密會趙藤雄允巨蛋免權利金。這是馬英九的另案偵辦，到底是真弊案或政治鬥爭？讓外界一頭霧水，這南蠻孤島上的一切，總是不清不楚，不明不白，大家一齊打混，能撈就撈，不能撈走人。概嵌「官商勾結•徇私舞弊」(2017.11.02)：

官箴賤鄙為趙家，商賈奸邪競喊價；
勾纏權錢腥膻色，結夥打劫他不怕！
徇情枉法伸利爪，私語竊議堪一霸；
舞池肉林貪嗔痴，弊端誅連皆可殺！

憤八大行庫董字輩不論藍綠全淪喪，詭異的「慶富案」，荒謬腐敗的百億聯貸放款，明明是有去無回的放款，很明顯的「官商五鬼搬運法」。但董事長、總經理們皆不敢言，更不敢阻止，就怕被政治追殺，腐敗到有夠精彩。這就是台島的沉淪，黑白兩道，藍綠陣營，都在大幹五鬼搬運大法謀私利。哀嵌「聯貸腐敗・行庫著糞」（2017.11.30）：

聯徵荒謬無智能，貸信舞弊公開化；
腐物生蟲民可憐，敗業坑民罪惡憎！
行同狗彘毀台島，庫藏禍端種災難；
著是藍綠皆可殺，糞牆朽木臭全球！

哀哉！雲嘉南高豪雨來「驗收」，數百億治水預算工程全破功，偷工減料遇雨就泡湯完蛋，大把白花花的銀子落入了誰的口袋？搬錢的不止五鬼！官商多少鬼！哀嵌「驚世雨彈・水淹南台」（2018.08.24）：

驚濤惡浪奔狂潮，世道悲歌死難逃；
雨擊六畜菊花落，彈轟南台憤未消！
水漫金山誰收妖，淹旬曠月萬蕭條；
南柯春夢眾鬼在，台倒樓塌民幹譙！

笑看〈一卡皮箱〉荒謬劇，情節發展三百萬父親的背影，竟流浪在高鐵站，讓人連想到大統領侍衛，走私萬條洋煙為「超帶」。總之在邪惡台獨政權裡，只有利益交換，只有私利私欲，沒有良知良能，更沒有公義，才使得年輕人成了弱智，天譴這罪惡之島。憤嵌「金光皮箱・潘朵拉盒」（2019.09.06）：

金迷紙醉去復還，光怪陸離三百萬；
皮內春秋真齷齪，箱翻篋倒最難堪！
潘鬢沈腰頂花冠，朵頤快嚼須盡歡；
拉幫結派好搬錢，盒藏秘錄是五鬼！

范揚松老家在新豐，他小時候在新豐田野放牛，天真無邪捉泥鰍，父親的田還被徵收蓋唐榮。如今驚見「唐榮弊案」，就發生在范家原來的土地上，感慨萬千啊！小職員升總座後，結合親友團內神通外鬼，進行五鬼大搬運。現在這沈淪之島就是這樣，由台獨高層做示範，不論公私單位，大家能吃就吃，能撈就撈，吃飽撈飽快走人，大家都知道快沒明天了。憤嵌「肥貓貪贓・仗勢枉法」（2020.07.09）：

肥腸滿腦結私黨，貓鼠同窩惡膽壯；
貪瞋痴迷緣當道，贓賄狼籍競猖狂！
仗勢寒蟬誰人擋？勢焰燎原上廟堂；

杜口拔舌任詐騙，法更徇情難昭彰！

比電影更驚悚！轟動三界！台獨小英偽爛權司法改革，黑幕重重，妖孽盡出，人民不服；又一再石破天驚！貪腐無上限，五鬼搬運不分日夜，公務員懲戒委員長石木欽貪瀆案，驚爆近四十位法官檢察官的集體貪瀆。這裡面有多少鬼搬運？人民都莫宰羊，怎一個幹字了得。幹嵌「貪贓枉法・蛇鼠一窩」（2021.01.19）：

貪夫殉利敢逆天，贓款搬運行姦險；
枉道奸惡比恐龍，法敗紀亂錢通權！
蛇食鯨吞暗網聯，鼠竄狼奔司法院；
一斑窺豹色腥羶，窩高窟深官箴賤！

追緝令！陳阿扁家族大貪污案，再掀高潮！當年助阿扁搞錢的關係人黃芳彥逃到美國，如今竟在美舉槍自盡。是黑吃黑嗎？或良心發現？以死謝罪！也成羅生門，可確定的是以台獨之名行貪污之實，下場都不好。智者引為殷鑑，做個堂堂正正的中國人，光明正大，活得快樂自在。驚嵌「繁華落盡・客死異鄉」（2021.01.29）：

繁花損枝多貪贓，華屋丘墟晚景涼；
落跑通緝猶高調，盡在網中入天羅！
客寄天涯曾猖狂，死有餘辜不冤枉；
異途同歸奔黃泉，鄉思背義一槍響！

女戰神鄭麗文，大戰台獨貪腐高官。台獨黨為了幫陳水扁脫「貪污罪」，在偽立法院進行特別修法「貪污除罪化」，鄭麗文悲慨痛批，此法一過，上下都公開貪污。台鐵慘死五十人尚未究責，又幹起貪污除罪化，這就是台獨偽政權的特色，只有成為全世界的笑話。憤嵌「義正辭嚴‧萬軍莫敵」（2021.04.15）：

義無反顧救倒懸，正面交鋒鏗鏘言；
辭令如劍殺無赦，嚴氣烈性風雲變！
萬惡貪瀆綠厚顏，軍臨城下抗爭先；
莫之能禦女戰神，敵愾同仇台毒驚！

恐怖大片！台島成了黑道大窩，政客豢養黑幫，壯大邪惡的黑暗勢力，又反噬如附隨組織。民進黨竟墮落至此，匪夷所思，鄭麗文列出十一點台獨黨的沈淪，媚日舔美，出賣台灣，背叛民族，遲早要被清算。嘆嵌「黑道治國‧附隨綠黨」（2021.05.05）：

黑暗貪枉趁瞎火，道溺屎尿結幫伙；
治理無方競盤據，國亡妖孽吼狂歌！
附羶逐腥齷齪多，隨聲吠影動干戈；
綠林台獨多邪惡，黨同伐異逞賊子！

大悲哀！權錢交易的高端，淪為全球疫苗孤兒，七十七萬熱血臂膀獻給嚴重爭議的高端，結果國際不認可，陳時中不負責。慘啊！全被1450內宣洗腦，而817真白痴，可憐全台被黑心政客玩弄，被台毒毒化，劫難啊！台灣人業障太深了。慨嵌「高端騙局‧政治謀殺」（2021.11.17）：

高官厚顏台島哀，端倪畢現兩手攤；
騙拐坑蒙凶狠極，局局比黑心膽寒！
政荒民蔽任摧殘，治國詐取芒果乾；
謀獨貪贓奸惡漲，殺人越貨黑心肝！

真是神啊！一個小吃部化身生醫科技，能拿到十六億大訂單，只要和台獨連結便可通天！敢騙、敢拿、敢搶、敢玩權、敢五鬼搬運、敢國庫通賊庫、敢賣台！這就是綠色執政的本色。面對台島沉淪，知識份子全被閹割而無言，媒體都成了妖魔的化妝師和代言人，沒有希望的島嶼，等待王師來救一統。哀嵌「抄錢步數・貪贓玩法」（2022.05.04）：

抄斬百姓謊連篇，錢勢通權民可憐；
步線走計連環劫，數典忘祖竟逆天！
貪官酷吏勾相聯，贓穢狼子行姦邪；
玩命關頭任疫謀，法螺鬼吹不要臉！

大審判！五二〇賀禮是狀告官僚殺人。前署長楊志良、新聞局長鍾琴，領銜狀告蔡英文、蘇貞昌、陳時中，因貪贓鉅款、口罩疫苗篩劑諸惡法弊端等。假博士真詐騙，以疫謀獨護高端，玩弄人民生命，無賴政治掛帥，可惡！邪惡！人民何時覺醒？慨嵌「兵凶戰危・謀財害命」（2022.05.20）：

兵戈擾攘蔡英文，凶相酷吏行偏激；
戰不旋踵人倒懸，危巢覆鳥舔美帝！
謀獨遮天抗煞疫，財殫庫窮貪瀆極；
害民禍國德不配，命當刑罰藏殺機！

疫情野火燒不盡，燒出執政高層正在謀害人民，以換取大利益。偽衛福部的陰謀是「抄錢步數」，刻意護航高端，以疫謀獨，造成死亡爆增，統領小英護航弄權，可憐台灣人等死，王師何時來救？怒嵌「將帥無能‧草菅人命」（2022.05.26）：

將老師疲鬼見愁，帥令蠻橫爭出頭；
無腸酷吏官箴壞，能言巧辯搞權謀！
草頭天子競出手，菅刈蒼生強凌弱；
人神激忿天譴極，命在懸絲哀童叟！

通姦除罪！毒品除罪！今再加貪污除罪！沈淪之島無法無天，孤臣孽子再唱〈紅花雨〉。貪腐的綠黨棄童叟性命不顧，明目張膽為陳水扁家族貪污案，立法脫除貪污罪，台灣司法已全面獨化而死亡，這是無法無天的魔鬼島。憤嵌「貪贓除罪‧群魔亂舞」（2022.05.31）：

貪污狼籍臭腥羶，贓盈惡貫開藥單；
除邪懲奸司法死，罪無可赦竟翻轉！
群蟻潰堤裂肝膽，魔道詭謀藏暗盤；

亂臣賊子姦險極，舞弊徇私鬼聯歡！

林智堅記者會由他人解說脫罪，又爆新竹十二億爛尾棒球場弊案，多行不義必自斃，天理昭彰！明通國師作賤台大國發所，抄襲及竊佔智財權，疑雲重重，嚴重傷害台大的名聲，真是罪惡！罪惡！憤嵌「剽竊名器・共犯結構」（2022.07.24）：

剽劫勾串競通堅，竊奪智財死要臉；
名實不符狡辯惡，器滿即覆甘作賤！
共槽牛驥行偏險，犯科作奸多為惡；
結夥制霸黨中央，構訟興詞戰烽煙！

精彩！一人毀全黨，林智堅碩論抄襲，爛尾工程雙主菜！小英用二十六位小編包裝形像，全出包，雙碩抄襲！越描越黑。十二億地獄級棒球場弊案，錢權勾結，五鬼搬運，台獨政權雪崩式垮台，不解統領院長明通等妖魔，為何往糞坑跳？無品無德之人自取滅亡。幹嵌「金玉其外・敗象已露」（2022.07.25）：

金舌惡口鬼叫囂，玉石瞞混滿膿包；
其道無恥腥羶臭，外厲內荏掀怒濤！

敗法亂紀錢在燒，象齒焚身天不饒；
已成芻狗失心瘋，露尾藏頭殺千刀！

第四章　暗黑網軍社會亂　惡媒惡嘴毒橫流

這塊被妖魔統治的神州邊陲孤島，名嘴的毒水流佈全島，而惡媒也控制了所有言論舞台，暗黑網軍成了「洗腦中心」。這也難怪，「呆丸郎」全都泡在「洗腦毒水」中，那能不變質？但詩人與戰士合體的范揚松不甘心，企圖挽救沉淪的孤島，推動名嘴妖言惑眾黑心排行榜，以警世人。慨嵌「名嘴亂源・國之妖孽」（2015.06.18）：

名聞遐邇橫豎行，嘴尖舌惡會報應；
亂言胡語盡散毒，源是腥羶有行情！
國沉人毀鬼魅影，之乎謬說誤視聽；
妖言鬼火燒不盡，孽種惡草應排名！

每到選舉季節，暗黑網軍就佈下天羅黑網，名嘴惡口流出酸臭的毒水，灑遍全島每個角落，沒有一寸土地是乾淨的。范揚松感慨萬千，於選前之夜他觀名嘴煽風點火，到處佈毒，抹黑或抹紅對手。憤嵌「冷眼觀局・賢能莫選」（2016.01.16）：

冷熱毒歇斯底里，眼歪嘴斜心邪惡；
觀其謬説掀妖風，局井窺天笨青蛙！
賢愚不肖相排擠，能人異士競投機；
莫道忠逆爭民主，選錢與權鬼驚奇！

笑看教授名嘴以顏色為基準，胡爛預測選情，卻厚顏以專家自居，經不起考驗，且後害無窮，足為戒。勉嵌「烏龍名嘴・打臉取辱」（2018.12.13）：

烏雲蔽日爆韓流，龍兄虎弟愛忽悠；
名實逆反仍鐵齒，嘴歪眼斜心不正！
打殺笑罵幾春秋，臉青鼻腫倣效尤；
取巧小利壞名聲，辱身降格為何由？

感慨1450惡媒網軍作惡無上限，沒有最邪惡，只有更邪惡，以黑勢力利用名嘴之惡口，無中生有的黑韓，排山倒海形成「黑韓產業鏈」。范揚松曾任媒體主持人，目睹此種惡媒橫行，全島佈毒，心寒啊！悲嵌「媒體已死・夭壽名嘴」（2019.09.04）：

媒妁勾竄逆世道，體臭口惡出賤招；
已入膏盲塗顏色，死求百賴任招搖！
夭焚刳胎絕命刀，壽陵失步黑韓潮；
名纏利鎖失心瘋，嘴歪眼斜任狂囂！

有感選戰惡媒名嘴造謠，假民調、假共諜、假學位、假論文等充斥視聽，讓民主也成為造假比賽，失德失格，不光是人性的悲哀，實為全台灣人的悲哀。悲嵌「潑污染黑・混水摸魚」（2019.12.01）：

潑糞造謠臭燻天，污名異己逞下賤；
染黃抹紅失心瘋，黑韓惡嘴產業鏈！
混世妖魔爭權錢，水火兵蟲禍相連；
摸金校尉不知恥，魚死網破謊連篇！

哀台獨網軍！殺人不見血！殺人如麻，豢養網軍楊蕙如等，殘害外交官蘇啟誠，回應陳國祥血淚控訴文，〈大選過後的道德廢墟〉。從大漢奸李登輝搞「去中國化」，三十年來妖女魔男接著幹，台灣早已成了文化、道德上之廢墟，島上人類大多被洗腦成「類人」。哀嵌「網軍霸凌・殘害賢能」（2019.12.04）：

網羅攻訐施魔掌，軍臨城下遍死傷；
霸道叫囂噬冷血，凌遲正氣鬼東廠！
殘暴不仁邪惡勢，害民惡政上廟堂；
賢良方正寒蟬噤，能少無德盡猖狂！

驚駭卡神！綠賊高層豢養的暗黑網軍，專操縱大選，抹黑抹紅政敵，天理難容。邱毅指邪惡妖女小英網軍，最為殘暴冷血，攻擊黨內外政敵，手段陰狠，令人髮指，人神共憤，不會有好下場，不是下地獄就是進監獄。憤嵌「豢養網軍・最損陰德」（2019.12.25）：

豢食公帑藏暗黑，養痛遺患無是非；
網羅織罪凶殘極，軍不血刃幾人回！
最是齷齪邪惡鬼，損本逐末白染黑；
陰謀霸凌詆毀甚，德無能少不配位！

感慨「查水表」！反滲透綠色恐怖，貪腐成性，如何獲得民心大位？東廠西廠再現，台獨偽政權進行恐怖統治，將迫使人民揭竿起義，推翻貪腐統治者，或至少百萬庶民又將上凱道抗議。王師待機來救！裡應外合推翻不法政權。慨嵌「網軍治國．政以賄成」（2020.01.08）：

網羅織罪遍東廠，軍法從事超惡毒；
治理無能暗黑甚，國破民殘盡沉淪！
政由妖出全詐騙，以碫投卵競恣狂；
賄賂公行五鬼運，成群結黨吸民血！

妖魔的化粧師 1450 肆虐全島，不擇手段，無中生有的攻擊抹黑抹紅忠良，令人深惡痛絕，那「千萬卡神」更是妖魔的幫凶，肆無忌憚詆毀統派正直人士。可怕！沉淪之島的末世，島之將亡必有妖孽橫行，滅亡吧！結束島民的苦難。痛嵌「腦殘黑風．弱智選擇」（2020.01.19）：

腦廢頭毒恣狠凶，殘民害理無上限；
黑心惡腐盡作孽，風聲鶴唳失心瘋！
弱肉強食織網籠，智低塗抹黃黑紅；
選舞佈毒散妖風，擇主仗勢成巨魔！

嘆台獨不法政權政客之惡無上限，仇中舔美，媒體也被閹割了，1450網軍成了惡媒的先鋒隊，利用疫情攻擊世衛譚德塞，潑糞全世界。網軍種族歧視無上限，天理不容，玩火自焚，陷台島成不義王國，只有加速島之沉淪滅亡。而年輕世代醉生夢死，任由台獨貪腐，真是沒救了。慨嵌「義勇網軍・雖遠必誅」（2020.04.14）：

義斷恩絕超邪惡，勇冠全球罪惡山；
網羅污蔑潑糞尿，軍臨城下事不成！
雖藏卻露妖魔形，遠距直搗競殺生；
必爭寸利七傷拳，誅殺忠良也自焚！

有感政客不顧人民因疫而亡，且死亡率節節上升，人人自危，而台獨政客卻「以疫謀獨」，不斷製造兩岸人民仇恨。神奇的1450則化身成東廠打手，無上限製造罪惡，進行恐怖統治，給人民帶來無窮災難，真是中華民族的罪人啊！必將下無間地獄，求出無期。慨嵌「藉疫謀獨・集權反智」（2020.05.01）：

藉勢借機佈網羅，疫煞襲捲錢多多；
謀利營私貪痴毒，獨毒詭論是災難！

集黨成群妖魔狂，權豪勢要一言堂；
反噬民主罪惡島，智低能少盡東廠！

政客「以疫謀獨」詭技，容不下科學專業「吹哨人」李文亮，台島深陷疫情危機，每天不知死多少人？而台獨政客見死不救，台灣人都該死嗎？台灣良心葉彥伯醫師，堅持與1450戰鬥到底，可敬啊！醫界果然尚存有一正義之人，勇於向「以疫謀獨」抗爭，打破「醫界都是台獨」說法。葉醫師！在此向您行最敬禮，慨嵌「防疫先鋒•公衛悍將」（2020.08.22）：

防微杜漸三查察，疫政貪腐圍剿殺；
先著多鞭逆時中，鋒芒正義成箭靶！
公規密諫抗疫煞，衛玠看殺獨成家；
悍卒勇夫出東廠，將飛翼伏敢任俠！

感嘆政客邪惡，每天領高薪正事不做，殘害忠良第一名，而那些所謂名嘴都受制於高利，不惜抹黑造謠，散播毒水，禍害好幾代人。身為台灣區大統領者，更是以詐騙起家，一生都在行騙的女人，台島高層盡是這些妖壽，無德無能的妖女魔男在當領導，這個鬼地方不會有明天。噁嵌「無恥舔漢・賤賣人格」（2020.09.06）：

無顏落彩競高調，恥辱自取裝丑角；
舔唇砸嘴磨蹭去，漢官威儀早蕩然！
賤體卑身敢靠腰，賣笑追歡下三爛；
人間顛倒出妖孽，格不相入逞惡毒！

不可思議！「辣台妹」墮落下無底！沉淪無上限，側翼毒嘴周玉蔻濫用公器，抵制「皇家牛肉麵」，加速貪腐台獨垮台，終結名嘴惡媒，恢復社會善良風氣。罵嵌「辣台醜劇・名嘴無良」（2020.11.20）：

辣水黃湯惹腥羶，台妹妖言萊巴胺；
醜類惡物不知恥，劇落殘局妖魔形！
名繮利鎖上刀山，嘴歪眼斜心更惡；
無風掀浪人渣極，良知泯滅人成鬼！

對幹側翼不手軟，否則我直接封鎖你……這是無法無天的叢林，1450側翼滲入許多人的手機群組，酸言謾罵，刻意造謠分化，製造社會不安，抹紅抹黑，可惡之極。最厭惡是在好友宗親群洗板，恐嚇唬弄善良，如東廠就在你身旁，台毒恐怖統治無上限。憤嵌「理盲智障，何必相謀」（2021.06.24）：

理冤摘伏揭長竿，盲索冥行護高端；
智窮志短甘為奴，障目腦殘舔美倭！
何患無辭潑腥羶，必察眾惡我擇善；
相忍抗惡仗義起，謀定一統王師到！

妖壽死！台獨精彩內鬨，1450網軍互毆掀內幕，劇情驚悚！撼動不法政權。讀王尚智文，網軍側翼林秉樞爆料立委詐騙，台獨高官紛紛切割自保，島之將亡必有妖孽；又讀楊岡儒觀點，令人悲哀！綠色恐怖政權以東廠網軍統治，殘害人民，迫害忠良，將在歷史上留下一段「台灣黑暗時代」，成為中國史上「最黑的小角落」。驚嵌「惡魔引爆，腥羶燻天」（2021.12.09）：

惡積禍盈網軍黨，魔道妖怪競囂張；
引狼招虎凶殘極，爆裂肝膽霸凌狂！
腥臭老大揪黑幫，羶附蟻隨痴貪贓；
燻腐側翼貪瞋惡，天理昭彰殺無良！

大爆烏龍！張淑娟可是我們心儀的女神。「扣扣組」一日三罵，批證嚴、罵慈濟，爆緋聞驗 DNA，如此狂妄囂張，使陳時中民調直落五趴，要「玉時俱焚」了。誰給周玉蔻預算當網軍側翼，製造社會動亂？造成惡媒惡嘴毒水流佈全島，無數人中毒而不自知。幹嵌「潑糞抹黑・喪心病狂」（2022.09.23）：

潑婦罵街滾床單，糞土不如裡外臭；
抹粉擦脂妖魔像，黑天瞎火競蠻幹！
喪天害理凶狠殘，心腹巨奸肝膽壞；
病染膏肓玉時碎，狂犬吠日綠轉藍！

第五章　獨毒政爭已末世　上下無道妖魔行

所謂的政黨政治，就是組黨結派相互攻殺，勝者執政，有吃有喝有得撈；而敗者在野找機會，不擇手段搞垮執政黨，以取得執政權力，上台也撈。所以，民主政治就是各黨輪流上台大撈錢，輪流騎在人民頭上吸血，而美其名「民主」。這是近現代二百年來西方最大騙局，唯高智慧者能看出真相，勉嵌「鳳凰浴火．任重道遠」（2016.01.18）：

鳳鳴蒼穹千里遠，凰鸞有劫事艱難；
浴血再戰天蠶變，火光迸濺嚐薪膽！
任事爭奪不在野，重圍霧鎖登廟堂；
道雖無道權力好，遠志長存求執政！

嘆竹中同學柯P施政，墜死亡交叉有感，他說「兩岸一家親」，不管是真心或投機，至少他說得出來，給他按讚。但為何施政跌成「死亡交叉」？慨嵌「領導濫權・市政空轉」（2016.04.09）：

領袖無能急驚風，導引眾怒現圖窮；
濫言巧辯感覺好，權途末路霧迷濛！
市長暴走失心瘋，政績難好妖魔島；
空言弊案打蒼蠅，轉輾利害夢成空！

范揚松邀約好友吳明興博士、吳家業大律師、陳福成大作家、方飛白大詩人，週末酒敘論天下事，放歌談詩批台獨。三杯酒下肚，爽啊！談詩即生命，談文人氣節，批政客精心設計「雄三飛彈事件」。驚嵌「雄三誤擊・戰爭邊緣」（2016.07.03）：

雄雞夜啼很反常，三翻四覆妖魔嚎；
誤事一瞬有陰謀，擊鼓鳴金命難逃！
戰禍不遠剮千刀，爭權奪利不怕死；
邊塵驚擾無寧日，緣來兵險台毒道！

哀悼黨產會委員楊偉中溺斃，但反噬其主行徑應受議論，他本是統派人馬，可惜受不法政權之邀，任黨產會委員，成了貪腐台獨黨的幫凶，背叛了統派的路線。慨嵌「背叛情理・老天有眼」（2018.09.02）：

背信棄義得倖寵，叛道離經變色龍；
情見勢屈添油火，理所不容成幫凶！
老氣橫秋以為雄，天道好還冤業重；
有愧情義千夫指，眼空四海哭途窮！

驚奇！台灣區大統領府成了贓物轉運站，統領出訪返回的飛機上，安全侍衛走私大量洋煙，出訪團成了「走私團」。這個非法存在的貪腐集團，其貪贓枉法之能事，果然是無所不能，無所不敢，無法無天！哀嵌「利益燻天・末世狂徒」（2019.07.25）：

利令智昏闖天關，益無忌憚走私團；
燻黑銅臭貪瞋痴，天仙難救色腥羶！
末路窮途走絕路，世態澆薄奔喪亂；
狂吠猖犴一丘貉，徒負虛名妖魔黨！

回應藍清水博士，大力批判當朝高層貪腐，醜聞連連，為謀獨政爭如末世之亂，上下無道，妖魔橫行，成了什麼社會？只是給人民製造更多苦難。慨嵌「大膽提問・動搖國本」（2019.07.27）：

大雷轟頂爆民怨，膽敢貪腐搬國庫；
提牌執戟妖魔出，問罪興師奈何天！
動魄驚心五鬼運，搖唇鼓舌耍錢權；
國亡妖孽傾巢出，本末倒懸遭天譴！

回應蘇進強兄鴻文，力勸郭董莫入柯P政治圈套，歷史留污名。願賭又不服輸的郭董，高估自己，低估對手，錯估民心動向，迷信金錢萬能，蘇進強為郭台銘找尋歷史定位。慨嵌「群雄逐鹿・忠義何價」（2019.08.02）：

群狼搶權競爭強，雄起雌伏誰擔當？
逐名奪利陰謀深，鹿死孤島末世亂！
忠肝赤膽尚有誰？義薄雲天今何在？
何惹奸惡一身臭，價值春秋人性在！

回應胡幼偉鴻文，認同郭王脫黨競選欠正當性，應共襄盛舉，名留青史。

政治需要正當和誠信才能服人，需要合法性才能廣得人心，胡文說理清析，已透過高層轉寄郭董。盼郭董能有自知之明，看清當前形勢，不要成為貪腐台獨幫凶，也算對中華民族有貢獻，好自為之。勉嵌「呼群保義・重振黨國」（2019.08.04）：

呼吸相通競能幹，群狼虎膽大搶權；
保泰持盈添聲量，義不旋踵爭大位！
重整旗鼓穿雲箭，振聾啓聵幹翻天；
黨同伐異逐權錢，國沉民苦皆倒懸！

笑看胡幼偉教授精編宮廷劇，政壇腥風血雨，精彩無比，跌宕起伏，有如朝代之末世，烽煙四起，各大山頭個個稱王。上下各方皆無道，誰顧得了島民蒼生，都為搶奪一個孤島之大統領，忠義何在？誰在乎千秋？皆為享一時權力在握之爽。誰來救救這神州邊陲苦難之島民？慨嵌「權謀算計・將軍郭董」（2019.08.10）：

權衡利害貪瞋痴，謀奪上位爭大權；
算盡機關都不是，計多失策千夫指！
將相無種破我執，軍威顯赫巧連智；

郭李同舟恐翻船，董狐之筆直接記！

郭董愛賭又不服輸，老是黑韓，賭品不好，與王柯共謀奪大位，叫人看破手腳。山頭林立政爭失序，只有加速小島末世之亂，個個人模人樣，實都已妖魔化，看郭董喬公柯P，都各懷鬼胎，謀圖私利，忠義之士所不齒。勉嵌「老鍋煎魚．聞香下馬」（2019.08.16）：

老郭橫柴硬入灶，鍋有韓粉兼好料；
煎煮炒炸蒸功夫，魚鮮皮焦好味道！
聞聲救苦衝高票，香火鼎盛惹腥騷；
下里巴人擊鍋破，馬蹄奔騰爭大位！

亂！亂！亂！獨派貪腐，統派無道，各方都在灰色地帶爭奪權力。柯P主導桃園三結義，各懷鬼胎，瞬間破局，嘆不自量力，機關算盡白做工。柯郭自比一獅一虎，王金平淪為老狐狸，皆不歡而散，使這孤島的末世亂局，又增加一段不堪情節，不知後世說書人如何道來？趣嵌「獅虎亂咬．狐狸悲歌」（2019.08.18）：

獅吼桃園驚魯蛇，虎落平川豈奈何？

亂臣賊子懼春秋，咬牙恨齒失權欲！
狐死兔悲志可奪，狸貓致鼠恣拖磨；
悲歡離合全算計，歌舞吹彈哀怨多！

政治金光黨柯P，籌辦郭王柯「八二三砲戰會」，各懷魔鬼胎，各有算計，都想從中撈一筆政治利益。奈何！郭董又賭輸了，喬王機關算盡也無利可圖，柯P組成狼狽三人組，南蠻荒島笑話多。趣嵌「金光魅影・與虎謀皮」

（2019.08.24）：

金鼓齊鳴破青天，光彩陸離假神仙；
魅惑眾生能顛倒，影隻形單坑拐騙！
與世偃仰恣狂癲，虎落平陽妖魔化；
謀斷算計誰肯讓？皮內春秋皆奸邪！

柯郭王吃了權力春藥，爽到不行！吃了還想再吃。看貪瞋痴的嘴臉，可憎啊！不忠不義拜關公媽祖何用？政客皆無恥，視忠義如糞土，天下亦視之如糞土。慨嵌「背信棄義・貪瞋痴迷」（2019.08.27）：

背盟毀約逆天下，信口雌黃逞郭霸；

棄甲負弩喬公在，義絕恩斷聲聲罵！
貪婪無饜搖尾巴，瞋目切齒總無道；
痴想大位狼狽相，迷權戀骸曰可殺！

邪惡網軍之惡無上限，沒有最邪惡，只有更邪惡，竟然利用兒童領軍罷韓反韓，拍成影片到處播放，難怪小小的島嶼被仇恨撕裂。范揚松高舉反對大旗，反對以仇恨扭曲兒童，操弄兒童太邪惡，令人厭惡！真該天誅地滅。憤嵌「仇恨動員・茶毒少兒」（2020.05.07）：

仇讎肆虐狠囂張，恨教孺子喪心狂；
動心駭目競導演，員首百姓罵荒唐！
茶害人性台獨黨，毒瀧惡霧泯天良；
少小無猜猶祭品，兒童走卒成東廠！

錢櫃惡火死傷近百，未聞老板練台生道歉，他是暴力小英的人馬，誰能奈他何！媒體名嘴均閉口不談不批，政媒巨獸如現代吃人的恐龍，可憐死傷家屬能靠誰？慨嵌「天譴權貴・張啞無爪」（2020.05.11）：

天崩地裂爆惡火，譴愁錢櫃盡悲歌；

權威勢逼超邪惡，貴極鉅亨不究責！
張口詭辯真刻薄，啞氣失聲飲孟婆；
無腸可斷誰造孽，爪牙心腹總結舌！

驚聞島上統領府內，機密文件被駭，內容涉及派系內鬥政爭，職務分贓不均或不和。回應陳琴富、張景為讜論高見，果然非法的貪腐政權，假民主之名，行分贓政治之實，上下無道，難怪社會越來越亂，人性越來越黑。想來這個鬼地方已不可為，有辦法的人，撈飽吃飽的人，都跑了，遠走祖國吧！慨嵌「駭客當道・危機畢露」（2020.05.19）：

駭狼走蛇闖天關，客訴憤懣府不安；
當頭棒喝一彈指，道無德薄險登壇！
危猶累卵裂肝膽，機關算盡詐騙鬼；
畢竟家國天下事，露丑出乖破內參！

范揚松曾帶領五個梯次，共有二百位簡任文官討論過消費券得失，再看疫情紓困方案和振興卷，執意強渡關山，柯P罵脫褲子放屁有理。慨嵌「紓困擾民・振興無方」（2020.05.28）：

紓難解阨盼甘霖，困心淺慮濫發金；
擾攘兵戈猶惡鬥，民為芻狗受欺凌！
振翅難飛入欉林，與妖作怪任頑冥；
無關緊要小確幸，方齒圓枘費機心！

三倍券將振興方案打了對折又對折，范揚松與老父親解釋設計和用法，嘆政策混亂，只造就小確幸，勞民傷財。慨嵌「玩法弄權・振興無方」（2020.06.04）：

玩疾謀獨大官威，法出多門怨成堆；
弄虛作假狠套利，權豪勢要逞雜碎！
振貧濟困疾蹄催，興妖作怪敢騙鬼；
無邊風月説調情，力屈計窮噴口水！

太魯閣冤魂！貪腐邪惡的不法政權，忙於利用 1450 進行大內宣，對無知島民進行大洗腦，四十九條人命喚不醒貪腐政權，正義何在？憤嵌「台鐵殺人・官僚不仁」（2021.09.12）：

台榭樓閣歌未歇，鐵石心腸多蛇蠍；
殺生與奪可憐極，人命螻蟻任濺血！

官箴崩壞交相賊，僚氣燻天常作孽；
不思變革推拖拉，仁義道德鬼猖獗！

第六章　權錢可使人變獸　知識份子也墮落

驚爆中研院長翁啟惠政商勾結，涉炒作股票，利益交換。想不透，中研院是知識份子最高殿堂，最高榮譽和名器，為何也墮落？范揚松忍不住幹譙，憤嵌「竊國封侯・名器已死」（2016.03.25）：

竊奪膏脂滿嘴髒，國士風骨早淪喪；
封土稱王酒肉臭，侯門魍魎最猖狂！
名利戲變拐矇搶，器重士林學王莽；
已然崩毀棄禮樂，死有餘辜敢擊掌！

不法政權的崩毀果然是全面的，近日報紙頭條刊出中研院、台大高層，藉學術幹貪瀆造假，真是知識份子的悲哀啊！范揚松曾在台大講學多年，萬分感傷。斥嵌「學霸無恥・國器蒙塵」（2017.01.11）：

學富才高成獨家，霸王風月敢做假；
無以塞責貪嗔痴，恥鮮廉寡掙聞達！
國步艱難人浮誇，器同薰蕕藏狡詐；
蒙眼鋪眉矯情甚，塵垢合污日可殺！

李遠哲毀了台灣的教育，又充當台獨不法政權的打手兼化粧師，是知識份子最惡劣、最無恥的示範。如今他又將黑手伸入台大，以權勢介入台大校長遴選，看來李老已成妖魔代言人。讀聖賢書所學何事？死後如何去見中華民族列祖列宗？幹嵌「假藉權勢・斯文掃地」（2018.07.24）：

假戲真做亂校政，藉端教改稱萬能；
權錢交織多網羅，勢利猙獰最可憎！
斯人憔悴痴貪嗔，文丑跳樑起紛爭；
掃盡風骨成媚態，地府閻王誤蒼生！

這南蠻孤島的墮落範圍，已經達到「其大無外、其小無內」的境界，網軍和惡媒的勢力，伸入島內各界，連知識份子的殿堂也沉淪。台大、政大內部充斥著貪腐政權的打手兼化粧師，知識份子為虎作倀最可悲，竟然配合偽政府黑韓。為此，范揚松諷議「台大、政大碩博班成立黑韓產業鏈研究所」，以振興窒息的小島經濟。慨嵌「黑韓產業・造謠生非」（2019.08.28）：

黑白顛倒困猛龍，韓流浪高驚濤中；
產銷一體腥羶臭，業火無明黃配紅！
造孽名嘴絕子孫，謠諑誣謗掀妖風；
生聚教訓應進擊，非常抗暴不服從！

口譯哥小三成正宮，還鋪紅地毯……驚聞偽政院推動雇員三年可轉正式公務員，大開貪腐黑官漂白任用後門。就算鋪了紅毯，還是走後門，小島怪現狀真是永無止境，這無法無天的鬼地方，不知要亂到何時？嘆嵌「後門洞知・親信狼比」（2020.07.13）：

後擁前呼爭雇員，門禁偏道向權錢；
洞心駭目人雜沓，知識份子齊沉淪！
親疏遠近不避嫌，信口開河稱能賢；
狼群狗黨逢迎甚，比物假事省十年！

從高層知識份子濫到下層知識份子，果然權錢利益使人變獸，上樑邪惡下樑更毒，上下都在大撈特撈，撈飽吃飽走人，就快沒有明天了。范揚松回應老同學謝金河兄，對貪腐政權呼籲肅貪，如犬吠火車。憤嵌「黨國獨霸・物腐蟲生」（2020.08.05）：

黨同伐異濺血光，國庫艱難再劫糧；
獨台惡政更暴斂，霸王風月偏執狂！
物極必反拐騙搶，腐心切齒罪上樑；
蟲狼走狗誰豢養？生靈塗炭殺奸惡！

權力春藥使知識份子也瘋癲，叫人痛心！顛倒黑白助漲社會動亂。校長學者成綠營代言人……范揚松驚聞母校郭校長偏頗言論，誤導視聽。哀嵌「指鹿為馬・腦殘自閉」（2020.08.11）：

指天頓腳井底蛙，鹿死誰手盡渾話；
為虎添翼自作孽，馬腿畢露敢造假！
腦滿腸肥綠毒營，殘山剩水競浮誇；
自甘墮落逞無恥，閉目塞耳該天殺！

消滅中天！不法政府之惡無上限，沒有最惡，只有更惡。NCC 更淪為貪腐集團的私器兼打手，回應陳朝平讜論，全民應悍衛正義的中天，但孤島全民絕大多數已中綠毒，只剩范揚松、陳朝平呼籲悍衛中天，尚有誰？哀嵌「輾壓言論‧寒蟬效應」（2020.10.22）：

輾碎民主直悲哀，壓制多元敢關台；
言顛語倒莫須有，論黃數白逞獨裁！
寒腹短識憑一快，蟬噪蛙鳴互疑猜；
效死輸忠猶綠林，應天承運鬼奴才！

拍案驚奇！NCC 中天案滑天下之大稽……箝制言論，進行恐怖統治，NCC 成了另類東廠，為維持不法政權，要關誰就關誰，已成了全民公敵。但大權在握，全島到處暗佈東廠、西廠恐怖組織，全民能奈何？只有范揚松滿腹春秋大義，敢於呼籲人民起來反抗。僨嵌「護衛中天‧傳通會死」（2020.10.27）：

護過飾非直猖狂，衛道臧否言鏗鏘；
中流擊楫當憤慨，天下視聽應發皇！
傳播委員黃鼠狼，通同作弊恣乖張；
會算能掐成閹黨，死有餘辜殺無良！

大災難！不法之台獨政權天理難容，老天爺降災給島民夠多了，如今又降一個更大的災難。一部忘拉手煞車工程車翻落鐵軌，造成太魯閣列車出軌，已知死五十人，尚有百餘傷者，真是清明時節血肉紛飛。向死傷者致哀，願老天爺同情，亡者安魂，傷者安康！早日終結不法政權，兩岸一統，才是人民之福。哀嵌「天降橫禍・舉世同悼」（2021.04.03）：

天地不仁絕人寰，降災倒懸去不還；
橫飛骨肉屍速極，禍起隱微驚膽寒！
舉目瘡痍煉獄慘，世道艱難魂魄散；
同聲一哭天人慟，悼心疾首幾輾轉！

驚天錄！只能時中放火，不准百姓點燈。陳時中疫情管制期間，沒戴口罩喝花酒抱美女，春色無邊！網媒都閉口，誰敢開罰。酷吏相護以疫謀獨，不顧人民死亡率上升，還喝花酒抱女人，貪腐官員之惡無上限。慨嵌「高官惡形・春酒狂歡」（2021.11.10）：

高歌猛進抗疫煞，官場嘴臉全作假；
惡膽橫生自作孽，形影春色搞轟趴！

春光無限人浮跨，酒色女人陳時中；
狂悖禁令囂張極，歡樂幹無法無天！

天啊！一個博士、高級知識份子，鮮恥寡廉到了最高境界，大學中的教授，被意識型態全面扭曲，署長黑白不分，草菅人命，不把關疫苗篩劑，護航官商勾結，戕害百姓。她叫食藥署長吳秀梅。貪腐政府防疫失當做內宣，貪官污吏冷血囂張，不顧人民死活。呆丸郎能忍，水深火熱中煉忍功，憤嵌「官商勾結．食藥國恥」（2022.06.25）：

官僚殺人競謀財，商奸偏險倒買賣；
勾裡連外腥羶惡，結黨營私禍全台！
食不吐骨難快篩，藥毒人體全民哀；
國難當頭揭竿起，恥居賊后納命來！

知識份子沒心跳！學者冷血仇中舔美，為貪腐政權擦脂抹粉，淪為台獨不法集團的打手和附庸，都為權錢私欲，不惜讓自己從教授退化成禽獸。近日，惡媒上一群自稱「翁達瑞」們的教授，高論俄烏大戰、疫苗篩劑、炒恩恩案，都站在貪腐政權立場胡言。這些知識份子都是蛇蠍冷血動物嗎？所言不像人話。

慨嵌「側翼學渣・舔綠抹黑」（2022.07.04）：

側出橫見行奸險，翼羽結黨敢厚顏；
學思歧途入魔界，渣我餘孽竄人間！
舔美媚英引狼煙，綠色網羅鬼連篇；
抹粉權錢貪瞋痴，黑言誑語裝人樣！

我的老天啊！這個鬼地方，從小英大統領的假博士，到偽政府官員到處有假碩博，一脈相承都以詐騙治理。又一個桃園市長參選人林智堅，一日雙爆論文抄襲剪貼，也從台大國發所畢業，趙少康批台大淪落，請管校長硬起來，否則台大國發所成了學位複製所。慨嵌「抄襲造假・雙碩有鬼」（2022.07.05）：

抄斬政客倚天劍，襲遠勞師戰桃園；
造作矯揉德不配，假意詭辯盡厚顏！
雙鵰一箭搞特權，碩班矇混美利堅；
有案可稽虎頭鍘，鬼門關裡自作賤！

台大國發所如此師生共業，孤島最高學府，為林智堅背鍋蒙塵，指導教授陳明通讓上下屆論文相互抄，有一百七十三篇論文近親繁殖。抄襲案愈演愈烈，貪腐政府介入學術界，知識份子被閹割，淪為權勢夜壺，真是台灣的悲哀，林智堅只是小咖，背後的高層更可怕！更邪惡！小島永無寧日，直到王師來救。哀嵌「通堅除罪・濫洗學歷」（2022.07.06）：

通無共有競抄襲，堅避清野各入戲；
除惡難盡師生賊，罪及台大神鬼泣！
濫芋充數滿門綠，洗髓伐毛逞牛逼；
學書練劍酬唱好，歷歷可考皆舞弊！

台大向中華看齊共同墮落，應盡快查清可疑論文，是否有權錢交易、一魚多吃、洗學歷賣貞節牌坊等，台大校友不能沈默。不法政府小英統領護盤林智堅，偽科技部偽教育部集體沈淪，綠色驚恐，鬧國際大笑話，范揚松幹嵌「竊國名器・高顏挺堅」（2022.07.09）：

竊佔廟堂洗權錢，國恥喪魂發狂癲；
名裂身取腥羶臭，器滿得意敢逆天！
高祿高官禮義廉，顏面掃盡台大臉；
挺身狡辯千刀斬，堅拗硬扯甘作賤！

高層知識份子集體沈淪！林智堅論文抄襲，取得台大、中華雙碩士，孤島上的偽統領、偽政院長、偽國安局長，都為他辯護。這些貪腐集團的利益交換，徹底毀了台灣教育界，痛心啊！嘆嵌「剪貼複製・盜名欺世」（2022.07.13）：

剪惡除奸難登天，貼耳伏首為權錢；
複雜錯綜權力網，製錦操刀行偏險！
盜鈴掩耳競厚顏，名聲狼籍不退選；
欺天罔法萬夫指，世道報應抄跑堅！

第七章　自立乾坤亂賊子　民族罪人妄想症

大漢奸李登輝騙過蔣經國，又騙過許多統派大老，取得大位後，開始搞「去中國化」，使台獨意識高漲，至今難以收拾。他媚日舔美賣台，是炎黃子孫的敗家子，中華民族千古罪人，必受永久地獄詛咒，萬年罵名，永世不得翻身為人，以警示眾生，不應為惡。怒嵌「登輝無恥・賣台求榮」（2015.07.26）：

登島護固有疆土，輝奸蕃癲鳥腸肚；
無良政客多黑金，恥辱政男惡荼毒！
賣台舔美難盡數，台聯跳樑鬼無助；
求降媚日總忘本，榮光本無奔地獄！

從太陽花學運看課綱微調案。太陽花學運之起，主要有兩股力量在後面策動，學生只是被利用的工具。一股是藍皮綠骨的「王金平勢力」為內應，一股是「台獨小英勢力」為外合，目的是徹底斷絕兩岸關係，另立乾坤。當然，還有更高層勢力在支持這兩股力量，就是美日企圖永久分裂中國的惡勢力，至於「課綱微調」，是大陰謀中的一小部份，唯智者能看清真相。范揚松正是智者之中的高智慧者，慨嵌「政黨黑手・玷污教壇」（2015.07.26）：

政客偽善藏面目，黨同伐異要狠毒；
黑影幢幢常作孽，手染學子心真黑！
玷辱師門天人怒，污損殿堂是暴徒；
教唆犯行施妖法，壇主操弄罪可誅！

范揚松心繫兩岸關係，改革開放後為祖國經濟發展，在大陸各大城市講學二十多年，總期盼兩岸早日統一，是我等這一代中國人的神聖使命。馬英九的八年無所作為，反助漲台獨勢力壯大，二〇一六年統派大崩解，獨派取得當家權，范揚松心頭怎一個「愁」字了得。愁嵌「因緣果報・地動山搖」（2016.05.17）：

因勢乘便裂乾坤，緣慳命蹇想自立；
果然怒濤驚拍岸，報仇三年逼冷和！
地負海涵處角隅，動輒得咎因搞獨；

山水有隔一家人，搖旗相迎莫蹉跎！

范揚松聽台灣區小英統領就職有感。她表面上說的好聽，實際上就是亂臣賊子想自立乾坤，中華民族罪人之妄想症，老范遍閱各家評文。勉嵌「安內攘外．優勢再生」（2016.05.21）：

安島富民話鏗鏘，內憂美倭難思量；
攘袂引導裂兩岸，外圓內方窮主張！
優奸揚惡鬼島淪，勢傾朝野群雄跪；
再幹賣台創新章，生機勃發引戰火！

哀哉！台灣區小英統領全民調跌落死亡交叉，難道是台獨洗腦不徹底嗎？還是有些人覺醒了？范揚松看民調有感，怎一個「憂」字了得。嘆嵌「百日崩壞．民氣潰散」（2016.08.28）：

百孔千瘡事荒唐，日暮窮途斷肝腸；
崩天塌地蕭條甚，壞心惡行嘆惆悵！
民怨鼎沸勢難擋，氣沖鬪牛轉南向；
潰兵游勇無路走，散髮覓食呆丸郎！

台獨份子心中都有鬼，自知對不起列祖列宗，一顆心日夜都懸著，怕怕！草木皆兵啊！看到什麼都說是統戰。今偽立委劉世芳看到扯鈴表演、書法展等，也說這是大陸統戰。那呆丸郎天天用「中國字」，不是天天被統戰嗎？台獨份子天天都在鬼話連篇。范揚松感嘆！這鬼地方真是沒救了，只待王師來救！憤嵌「立委胡扯・厚顏無知」（2016.11.22）：

立馬恐嚇颼官腔，委實腦殘劉世芳；
胡言台獨數忘祖，扯鈴無辜也遭殃！
厚顏無恥亂主張，顏面掃地奸惡邪；
無良問政禍殃民，知乎哀哉一類人！

悲百年台巴斷交，偽英全政府無能，范揚松嘆內憂外患，治理無方，令人髮指，政客只顧私利私欲，無心亦無力於外交。小島悲歌何時休？島民失智永不醒！哀嵌「國事頹唐・內外交征」（2017.06.16）：

國步艱難亂如麻，事齊附楚牆頭花；
頹喪民氣傾危甚，唐突敗類人民罵！
內荏色厲狗眼瞎，外巧心黑行為惡；

交臂失指腥風起，征兵選將曰可殺！

怒斥政客刪文言文，大幹去中國化，形成文化斷崕，台灣將成為「無根代」，若將中國文化全都消除，台灣將回到石器時代，島上的人類必退化成「類人」。台獨份子之失智腦殘，太可怕了！經三十年的台獨洗腦，島上的「類人」，對刪文言文、改課綱，也都沒什麼感覺了。這叫做「冷水煮青蛙」，可以讓人不知怎麼死的，就慢慢死了！哀嵌「政客無恥•刨底絕後」（2017.08.27）：

政綱傾危夢轉空，客訴綠林路不通；
無明荒謬刪文言，恥辱奸惡改課綱！
刨根除柢欲去中，底細全露真癲瘋；
絕斷中華成鷹犬，後輩誰識己祖宗！

哀課綱去中國化，數百萬學子，年輕世代子民們，被刨根荼毒，數典忘祖並回應潘朝陽教授。台灣學子沒有中華文化認同，將與香港屁孩一樣，光會搞暴亂。范揚松心懷中華文化，感傷啊！憤嵌「文化刨根•禍國殃民」（2019.09.07）：

文江學海繼國學，化龍變虎行偏邪；

刨骨抽髓顛倒極，根連株拔更噬血！
禍起台獨生奸惡，國無寧日災難多；
殃及子孫同憤慨，民不堪命歷萬劫！

屈原，決定跳釣魚台抗議！悲哀！倭國將釣魚台劃入領土，台灣區統領、偽外交部、偽駐日代表，全體噤聲默認。亂臣賊子冷血不語，莫非歷史文盲，跪舔美倭已到了人神共憤地步，妄想另立乾坤到了腦殘的境界。范揚松憤嵌「助日代表・喪權辱國」（2020.06.24）：

助紂為虐共狼狽，日削月割去不回；
代籌借箸居心惡，表裡奸邪媚倭鬼！
喪心病狂李登輝，權傾朝野大漢奸；
辱身敗名小英極，國魂落魄盡成灰！

全體中國人的敗類、搞垮台灣經濟的工具太陽花，真是政客的好工具，現代的大學生是「最佳工具」。太陽花反服貿反兩岸經貿，以紅衛兵的姿態，佔領偽立法院，發起人林飛帆月爽領九萬，卻不敢廢神主牌。慨嵌「厚黑九萬・百斗折腰」（2020.07.02）：

厚顏無恥入廟堂，黑漆皮燈亮無光；
九尾狐狸反服貿，萬死罪該亂賊子！
百般跪承貪腐黨，斗筲器小佈羅網；
折煞商機太陽花，腰金拖紫救無方！

歡欣鼓舞放煙火彩炮，慶賀人間少了一個大妖魔，牠終於被地獄回收，且進住無間地獄，求出無期。孤島上一群人慶賀的，是大漢奸李登輝死了，為害人間九十八年，而這南蠻孤島上的中華子民，受害最深，中李魔之毒也最重。慶幸這魔頭已進了無間地獄，人間必可少一分災難。慨嵌「功過相抵・毀譽參半」（2020.07.30）：

功在台獨選奸惡，過猶不及貪權錢；
相煎太急心太黑，抵隙乘間行奸險！
毀廉無恥舔美日，譽假聲馳組台聯；
參天拔地漢奸路，半魔半鬼李登輝！

世說新語！美中台罵人不帶髒字……范揚松拜讀《亞洲周刊》〈民選代表（獨裁）〉一文，其作者詮釋叫人悲嘆，配合小英反中「以疾謀獨」。哀嵌「民選代表・這位先生」（2021.01.30）：

民變蜂起抗萊豬，選賢不得疫謀獨；
代籌借箸川夢碎，表裡皆奸側懸苦！
這斯心惡面如土，位高權重難做主；
先意承顏搞反中，生猛狠毒災難起！

大驚爆！台獨才是貪污的護國神山！政壇炸開購買疫苗高官說謊，偽立委喬事謀利，政商掛勾醜聞。而 1450 積極滅火，不顧人民生死，一劑三十元不買，竟買四十五元美金，腦殘啊！四十億台幣掉入多少台獨貪官口袋，美其名為「建國基金」。真是騙死人不償命啊！這種謊言呆丸郎相信，被洗腦多可怕，形同集體腦殘，范揚松忍不下去了，哀嵌「混亂視聽・藉疫謀利」（2021.02.23）：

混帳王八行偏險，亂臣賊子爭權錢；
視民芻狗喪心狂，聽若罔聞逞內宣！
藉勢借端敢逆天，疫煞奸官民倒懸；
謀獨貪贓囂張極，利慾燻心妄想症！

萬夫指，萬惡網軍月入百萬，專職黨同伐異，迫害忠良，造謠抹黑，這是什麼鬼地方？貪腐綠營用人民的納稅錢，豢養一支網軍，統治鬼島，威脅政敵，小老百姓也不放過，這是有史以來最殘暴的不法政權。又看林秉樞爆打女立委後，網軍互挖糞坑，臭不可聞，始作俑者正是小英偽政府，罪該萬死。怒嵌「網軍治國．綠蛆妖孽」（2021.12.04）：

網羅誣陷惡極煞，軍臨城門家天下；
治絲益棼危傾極，國無寧日鬼地方！
綠林匪盜競天殺，蛆蟲貪腐滿地爬；
妖風四起驚神鬼，孽根禍胎千刀剮！

烏克蘭化！曹興誠出資三十億，訓練狗熊戰士，引爆兩岸戰火。曹賊假捐巨款引台獨抗中，居心不良，欲將這鬼地方烏克蘭化，此人在大陸經商失敗，心存報復心態，其心多麼惡毒。奸商愚弄台灣人，綠媒為他擦脂抹粉，他是效忠高端股價，捐錢是虛招，范揚松何許人！一眼就看穿他的鬼招術。幹嵌「裡通外國．玩火自焚」（2022.09.03）：

裡表為奸變色狼，通文調武要抗中；
外厲內荏邪惡奸，國賊綠鬼稱妖魔！
玩錢弄權引兵凶，火耨刀耕是黑熊；

自取其辱末路行，焚琴煮鶴失心瘋！

太驚魂！這是南蠻孤島的偽統領府嗎？統領府光雕裝飾如靈堂，真令人幹譙鄙俗無下限。為滿足小撮台獨份子，彰顯自立乾坤之意象，傷害廣大人民群眾的感情，不倫不類，民族敗類自甘墮落。哀嵌「異眾詭計・國殤家祭」（2022.10.11）：

異域鬼城舞婆娑，眾齒焚身張爪牙；
詭影光雕設靈堂，計窮志短鬼哭嚎！
國事蜩螗裂乾坤，殤民疫煞島沈淪；
家園沈落鬼地方，祭靈長拜哭中華！

第八章　綠色恐怖大騙局　假民主毒害眾生

「大膽西進」，條條大道通康莊，好好的一條路不走，卻說要走「新南向」。這要騙誰？恐怕只有被毒化的呆丸郎相信，不得不承認綠色恐怖的大騙局有夠毒，遲早又要死一堆人，毀了台島經濟，使台灣「菲律賓化」。范揚松慨嵌「南向窮途・產業何辜」（2016.05.27）：

南鵲北鷹夜狼嚎，向虎謀皮白做工；
窮山剩水誰憐顧？途遙路遠人情薄！
產製同體求配套，業精分殊圖行銷；
何必嘴炮逞口舌，辜負民心天不饒！

哀哉！台獨偽政府反核狂言，騙你千遍不厭倦！反正民主政治全部內容，就不外是騙、騙、騙！騙死人不償命就是民主了。大家若不信，可以仔細推敲，台獨份子所言民主，那件是真的？沒有！怎一個「騙」字了得。范揚松怒嵌「民主詐騙・政客無恥」（2016.06.18）：

民進島退鑼鼓喧，主客異位天蠶變；
詐術轉彎任權謀，騙票聯盟謊連篇！
政毒尚黑鮮矣仁，客寄孤懸天可憐；
無情反覆雙頭蛇，恥問諸公誰要臉！

段宜康們滿嘴謊言，所謂「轉型正義、謙卑再謙卑」，實在是島上最大騙局，千萬人可以見證，歷史也會留下證據。善有善報，惡有惡報，騙人者人恒騙之。哀嵌「政客謊騙・應判吞球」（2018.08.14）：

政海濁浪烏鶩飛，客往人來愛自肥；
謊言千遍不厭倦，騙票聯盟成鬼魅！
應許寶島烏鴉黑，判陰斷陽不謙卑；
吞金吃銀搜羅盡，球子心腸恨可悲！

騙局沒有最多！只有更多！貪腐台獨政權爆料出來，全是驚天大騙局。如今又一件，政治黑手為操弄選情，環保也是騙死人不償命，藻礁案也放棄了，換深澳電廠，惡勢翻盤，小島的明天何在？哀嵌「觀塘劫數・環保暗黑」

（2018.10.10）：

觀隅反三搞陰謀，塘中藻礁俎上肉；
劫運難逃自作孽，數術算計騙搶偷！
環評唬爛鬼見愁，保車棄卒尤醜陋；
暗室政治曰可殺，黑影鼠竄真走狗！

歷史上的官場怪狀記，代代皆有之，但要說最邪惡、最貪腐，最大的集體詐騙，就是現在正上演於神州邊陲小島的台獨偽政權官場。南方澳演出小英顛倒困果，吳宏謀趁大災難次次升官，綠官推委卸責，小英統領發言不當，中國橋樑專家直指真相，刺破綠營騙局。范揚松怒嵌「德不配位・弔民伐罪」（2019.10.04）：

德無能無奸惡有，不伏燒埋怨成堆；
配套騙局權謀錢，位貪祿慕死不退！
弔死扶傷魂何歸？民窮財盡島沉淪；
伐異黨同猶東廠，罪責難逃萬里追！

哀為求勝選，偽各部會無上限政策賄選，撒幣上千億，都是民脂民膏，台島債務廿二年漲近四倍。偽行政院長蘇貞娼酸言酸語、囂張跋扈，歷史會記著，他不過是漢奸之子，現今所做所為仍是漢奸，他可曾思考過。哀嵌「魔鬼院長．逆天酷吏」（2019.11.03）：

魔神附身恣狂言，鬼魅滿朝行偏險；
院府狼狽一丘貉，長安棋局會變臉！
逆道亂倫全濫權，天理難容罪惡黨；
酷口利舌無遮攔，吏狼官虎吸民血！

厲害了！這是什麼鬼黨？什麼鬼國？竟然叫兩個貪腐爭議甚囂塵上、官司纏身的人，去當偽監察院正副院長，陳菊和黃健庭，他們自己已夠貪腐，能「監察」什麼？回應社論，何不叫陳水扁當廉政署長！范揚松嘆嵌「監守自盜．官箴毀棄」（2020.06.20）：

監臨善款飽私囊，守闕抱殘稱妖王；
自取罪戾無廉恥，盜名欺世封院長！
官虎滿朝聚吏狼，箴缺無德盡貪贓；
毀滅人性罪惡極，棄道任術太荒唐！

陳菊當高雄市長，被糾舉彈劾五十四案，且又涉慶富等多個貪污案，如今把她推上偽監察院長，莫非她嫻熟貪污技法。回應陳朝平妙論，貪腐偽政權氣焰高漲，看橫行到何時？王師就要來收拾了！憤嵌「沐猴冠冕・盜名欺世」（2020.06.23）：

沐露梳風老菊香，猴腮尖嘴多標榜；
冠履倒易千夫指，冕服華車還張狂！
盜鈴掩耳競分贓，名器授受鬼打牆；
欺天騙人誰奈何？世亂台島末路行！

大悲哀！言論自由已死，民主大騙局現形，無所不騙，NCC委員不迴避利益，關了中天頻道，這鬼地方只剩網軍惡媒。貪腐集團一言堂統治，台灣最黑暗七小矮人，為討白雪公主歡心而喪心病狂。范揚松憤嵌「黨同伐異・綠色獨裁」（2020.11.18）：

黨邪官惡餘奸險，同仇敵愾救傾倒；
伐毛洗腦一言堂，異端詭辯現世報！
綠林奸匪殺千刀，色厲內荏全套騙；
獨夫民賊假民主，裁心鏤舌畜性道！

笑談「天譴」誤讀歧義，天譴非叫人去死。鳳梨蒙難、蓮霧遭殃，都是非法台獨政權自作孽不可活，藏頭詩被誤讀而口誅筆伐，笑話鬧大有害身心。執政已過一任了，還要欺騙百姓，怎對得起辛苦的農民！慨嵌「天譴詐術・德才不配」（2021.03.03）：

天怒誑語恣內宣，譴黜責備多謊言；
詐啞佯聾愚民極，術業無方競權錢！
德無能少論文門，才疏計拙引烽煙；
不問蒼生倒懸苦，配享大位行偏險！

隱者龜！太魯閣慘案偽行政院長神隱。舉世注目台鐵慘案，不檢討、不究責，竟先提「貪污除罪化案」，這是什麼貪腐集團？回應張景為兄讜言，台獨貪官無心政務，只有一心鬥爭謀利。慨嵌「厚顏鐵齒・爭功諉過」（2021.04.16）：

厚祿高官逞權貴，顏面掃地張臭嘴；
鐵石心腸酷吏極，齒搖頭禿應有罪！
爭權院長最邪惡，功墮垂成滿臉灰；
諉卸重責不知恥，過關矇混隱者龜！

大驚嘆！偽外交官竟把台島當殖民地，謝長廷偽駐日代表，竟成助日媚日舔日跪日無以復加，真是倭奴性格不改。他誣指台灣排氚水為倭國脫罪，他到底是台灣代表，或是我大漢「倭奴王國」之臣？幹嵌「賣台政客・德才不配」（2021.04.27）：

賣祖求榮漢奸謝，台前幕後競藏污；
政以賄成奸詐巧，客居倭國不識毒！
德無能少氣謬說，才淺計拙猶萊豬；
不問蒼生自作孽，配享從犯當日奴！

天譴之！東方排氚，西方疫死焚城錄，政客為倭國向海洋排核廢毒水，倒打台島，這是台獨偽政權的顛倒。而印度政客不顧百姓生死，遍地都是火葬場，人世災難何其多，公平正義都淪喪，邪惡黑暗當道。悲嵌「東毒西邪・塗炭生靈」（2021.05.04）：

東洋倭奴最缺德，毒氚禍水鄰也殃；
西域印度成煉獄，邪煞糞浴滿恒河！
塗飾賣台結團夥，炭上蹲踞橫死多；

生死如蟻惡業在，靈藥無解台獨毒！

一個公民的觀察與憤怒，從台灣區小英統領的假博士、假論文、假教授案，到萊豬、核食、緋聞、貪污。再到太魯閣慘案、停水停電，以疫謀獨，連疫苗也要貪污，不顧人民死活。哀哉！貪腐的偽政權還有什麼壞事幹不出來？剩下只會用網軍內宣洗腦，用東廠西廠對人民進行恐怖統治，范揚松受不了啦！哀嵌「綠色獨裁・坑蒙拐騙」（2021.05.21）：

綠林結夥大搶劫，色厲狂徒皆土匪；
獨領網軍羅織人，裁心蠻幹太邪惡！
坑儒背德裂肝膽，蒙面喪心萊豬毒；
拐彎謀權錢通天，騙誘威脅盡腥羶！

爽爽爽！聽自治會長飈罵綠林走犬林昶佐，爽啊！官威霸凌民代，被林會長嗆爆捧中央ＬＰ，他瞬間被自治會長閹割；綠林土匪設局修辱柯Ｐ，被程咬金一路追殺，貪腐偽政府大甩鍋，滿朝貪腐，臭氣滿天。慨嵌「仗言嗆聲・揭竿憤起」（2021.07.03）：

仗義重擊綠惡委，言辭鋒發驚神鬼；

嗆誰奸委合民心，聲勢震天屠狗輩！
揭穿邪惡爭正義，竿旗倒懸恨入骨；
憤慨疫煞貪官急，起師動眾雞鴨飛！

恐怖！恐怖！近日看台獨官場現形記，毛骨悚然！沈淪無下限，貪污無上限，君是亂君，臣是亂臣，全是妖魔現世。論文門揭發真相，氣爆案自監無罪，高官以疫謀獨搞私利，五鬼搬運台灣錢，側翼網軍橫行。恐怖！滿朝盡是妖魔，日夜鬼怪嚎叫，而島民不醒。范揚松憤嵌「綱紀崩壞・民間失格」（2021.09.01）：

綱常大亂狗官威，紀律蕩然稱老大；
崩天裂地貪瞋痴，壞德損陰台獨業！
民若豬狗任宰殺，間不容髮競做假；
失精落彩疫謀獨，格不相入無王法！

法院都是台獨偽政權開的？從三中案判無罪到彭百顯冤案……馬英九舊案重炒，浪費社會資源，只為羅織忠良入罪，這鬼地方當真無法無天。前縣長客家彭百顯，不與邪惡獨派同流合污，被以莫須有罪名羅織有罪，入獄纏訟十三年，雖再還清白，也等把人家一輩子全毀了。萬惡的台獨政權何時滅亡，給人民一片真正的青天，慨嵌「政治獵殺・誣陷忠良」（2021.10.31）：

政以詐成權集錢，治絲益棼行姦險；
獵巫起詐潑墨甚，殺機四伏天可憐！
誣民惑世綠惡毒，陷堅挫銳害忠良；
忠臣孽子已凋零，良莠混雜不要臉！

大讚賞！余正煌一紙聲明，瓦解通堅直捉姦。貪腐綠黨參選人林智堅碩士論文抄襲案，台大佛頭著糞，影響聲譽當事人余正煌，勇於面對權勢威逼，發表自清聲明，通堅師徒謊言昭然。按時序比對，即明瞭貪腐綠黨，上自大統領下至各官員，都在詐騙，經不起一紙聲明的挑戰。讚嵌「大勇無懼・悍衛名譽」（2022.07.28）：

大辯若訥當自強，勇揭黑幕見真章；
無恥通堅虎頭鍘，懼死怕生殺貪官！
悍將出擊余正煌，衛義保命敢反抗；
名器不容任玷污，譽滿視聽言鏗鏘！

第九章　一生行騙的女人　街頭巷尾揭竿起

同聲譴責洪素珠，竟惡質言語詆毀榮民。真是情何以堪，榮民把他們的青春，貢獻給台島，甚至一輩子都給了這地方，那些台獨份子竟說榮民是米蟲，真是人神共憤，天地不容。這樣罵榮民的人，就下地獄吧！豬狗不如的東西，有什麼資格當人！范揚松怒嵌「撕裂族群・萬眾撻伐」（2016.06.13）：

撕心碎肺語癲狂，裂眥嚼齒恨雌黃；
族裔何辜受霸凌，群魔亂舞真荒唐！
萬死不惜性乖張，眾怒揭竿殺妖魔；
撻鞭三千應天譴，伐罪弔民滅賊子！

以年金改革為手段，對退休人員進行鬥爭，並利用機會鬥垮政敵，好安排自己人馬，方便貪腐台獨搞五鬼搬運。這是亂臣賊子權錢鬥法的把戲，范揚松一眼看穿。怒嵌「啃食皇糧・國家浩劫」（2016.06.21）：

啃噬精肉吮骨髓，食飽幌蕩肚皮肥；
皇天無眼世代恨，糧盡援絕急急摧！
國債高築勢傾頹，家有貧富無是非；
浩氣凜然斬不平，劫後重生或可為！

驚嘆！二十年來赴祖國講學，促進兩岸經濟交流發展，竟被陳明通打入禽獸之流，可恨哀哉！貪腐偽政權的高官視百姓如豬狗，那些「何不食肉」貪官，才正是衣冠禽獸。如此惡政，遲早大街小巷揭竿起義，推翻貪腐政權。怒嵌「禽獸走狗・斯文掃地」（2019.04.03）：

禽困覆車怨驚濤，獸心人面恣招搖；
走板離弦太荒腔，狗仗人勢敢狂囂！
斯奪負乘競幹譙，文恬武嬉逆天道；
掃空犁庭將揭竿，地動山崩起義潮！

台灣區統領的博士論文、學位，全是造假，從數十年前就一直在欺騙人民，她是一生行騙的女人，如何對得起天地良心？如何對得起她在神州大地的列祖神宗？人民心中的「小英」，名聲重創。但她好像不在乎？多麼陰毒的女人！嘆嵌「神鬼交鋒•假面總統」（2019.09.01）：

神功護體敢逆天，鬼魅現形難詭辯；
交相詰問不舉證，鋒尖直擊殺手鐧！
假戲作弊再連任，面目深藏三十年；
總需一劍乾坤斷，統理陰陽破姦險！

再三感慨！小英統領的假博士論文成國際大新聞，天天在全球媒體灑狗血，劇情如山崩引大海潮。教師節不快樂，一群碩博教授漫天質疑，而小英不動如山，戰火繼續燃燒中。而人民在水深火熱中，天天看著貪腐玩火，玩五鬼搬運，卻都無可奈何或沈默。看來呆丸郎中毒太深，沈睡不醒，就任由妖魔橫行，直到王師來救吧！慨嵌「治絲益紛•欲蓋彌彰」（2019.09.28）：

治理無方心邪惡，絲來線去芒果乾；
益危勢高稱孤寡，紛紅駭綠競腥羶！
欲誰歸罪驚波濤，蓋棺論定還死纏；
彌縫匡救仍圓謊，彰往考來最不堪！

二讀呂秀蓮未達統領連署數，五點聲明，真是壯志未酬，英雄氣短又奈何。呂副推兩岸「統合、不統一」，一族兩國，這百分百是白做工的，因為是「變相台獨」，也是死路一條。慨嵌「功敗垂成‧秀蓮含冤」（2019.11.04）：

功高望重闖天關，敗軍仍勇披肝膽；
垂餌虎口不曾懼，成王敗寇情何堪！
秀出班列上梁山，蓮出淤泥敢起義；
含辱受屈獨陣營，冤業要了在今世！

嘆偽立院公聽小英「假博士、假論文案」，竟反為造假者護航辯解，真是製造天大的笑話，貪官為非法統領之護航露洞百出，嚴重傷害台島的學術水平。對於在兩岸講學二十多年，且指導過數百碩博論文的范揚松，實在看不下去，為捍衛學術界尊嚴，范公重批「假博士、假論文案」，為歷史留下證據。憤嵌「公聽論假‧世紀醜聞」（2019.11.29）：

公規私諫風蕭蕭，聽人穿鼻任招搖；
論文虛構盡造假，假博欺世殺千刀！
世亂因妳詐騙起，紀綱廢弛人倫逆；

醜陋邪惡德不配，聞風喪膽何處逃！

紙包不住火，有就是有，沒有就是沒有，這麼簡單的道理，何須爭論？說有「博士論文」，說是「講師、教授」，都拿不出證據。而各方大力在追查，已可確定妳是「假博士」，偽造學歷，真是天下奇聞，這位叫小英的假博士，等於是一生以行騙為業的女人，如何有資格成為神州邊陲一小島之「島主」？范揚松怒嵌「造假做偽．欺世盜名」（2019.12.15）：

造業作孽驚鬼神，假博虛構論文門；
做勢裝腔好邪惡，偽造學歷騙天下！
欺公罔法統領夢，世道沉淪妖魔島；
盜鈴掩耳萬夫指，名纏利鎖貪痴瞋！

滑天下之大稽，拿不出博士論文，急了！利用公權力將「論文」列為機密，要保密三十年，真是神啊！詐騙到了神級境界，古今中外未曾有。小英這招高明啊！彭文正所言不假，范揚松可是生了大氣，動了肝火，怒嵌「造假成癮．詐欺誤國」（2019.12.29）：

造孽矯情無生有，假學歷可稱教授；

成王敗寇東廠在，癮酖止渴鬼見愁！
詐痴佯兄如神偷，欺世盜名豬牛狗；
誤己殃民太奸惡，國已沉淪競出醜！

硬頸客家彭文正教授，追查小英「假博士案」半年，戰力爆表，可敬可佩！維護正義批判貪腐的精神，足可叫現代董狐筆的范揚松大大禮讚。編者也不得不說，彭教授，客家以你為榮，你是中華民族的光榮！你是炎黃的好子孫。對於不法又貪腐的台獨偽政權，我們同聲重批，慨嵌「假戲真做・背信棄義」（2020.01.21）：

假冒偽劣犀牛皮，戲夢一生假學歷；
真贓現犯誰勘破？做勢太邪且奸險！
背腹受刺難匹敵，信口博士鬼相信；
棄守政經島沉淪，義薄雲天告到底！

客家子弟彭百顯縣長與三位教授，到范揚松辦公室拜訪，慨談四小時台灣政治的凶險，台獨的沒人性和政黨沉淪可怕。彭縣長被誣陷「九二一冤案」，纏訟十多年才平反，為清白而戰不失其志，凶險中仍保有知識份子春秋大義的勇氣，可敬可佩。范揚松慨嵌「政黨沉淪・正義蒙塵」（2020.06.17）：

政以賄成競分贓，黨同代異織羅網；
沉痾難起失心瘋，淪肌浹髓入膏肓！
正法直度救死傷，義無旋踵任毀謗；
蒙冤負罪大無畏，塵垢已洗日月光！

疫情大起，不祥徵兆撲面襲來。「天狗食日」是上天警示將有大災難，對照現今台島狀況，貪腐偽政權進行恐怖統治，全島佈滿東廠西廠和網軍，監控一切，無惡不做，感受到小英德才不配，大災難將要來臨。嘆嵌「日環異象・天威難測」（2020.06.22）：

日午將昃盛極衰，環生險象獨成災；
異想天開搞台獨，象齒焚身驚滅盡！
天道警示不可逆，威逼台獨快回頭；
難得苟活災難少，測海持蠡嘆悲懷！

革命起義號角響起！這是神州邊陲孤島最美麗的風景，在街頭巷尾揭竿抗爭，推翻貪腐的不法政權。一方有難八方支授，一場正義與邪惡之戰於焉開展，從偽立院到街頭都在反台獨邪惡政權，統派正義立委攻佔偽立法院，抗義又綠又爛的偽監委名單。全民響應風雲起，大家合力推倒貪腐偽政府，是挽救孤島沉淪唯一辦法。憤嵌「拒絕酬庸・撤換陳菊」（2020.06.28）：

拒諫飾非任獨裁，絕仁棄義最貪財；
酬效給功因綠色，庸材無道還邪惡！
撤根掘底憤懣懷，換天起義城門開；
陳師鞠旅成浩蕩，菊肥荷老滾下台！

立委猖狂索賄！高官天天在造假抄襲，假論文假學歷天天爆料，而島民多冷漠沉默，這是被「冷水煮青蛙」都在昏迷中。回顧一些大事，台島崩壞日益嚴重，再讀《杜勒斯十條》，毛骨悚然！原來地球上最邪惡的政治制度，就是「美式民主政治」，永遠為搞垮他國而存在。嘆嵌「黑金復辟・詐術治國」（2020.08.02）：

黑風孽海結團夥，金權世家敢齷齪；
復燃死灰臭燻天，辟肆淫奸又邪惡！
詐啞佯聾任沉默，術數棄道論文門；

治絲益紛全台騙，國事沉淪杜勒斯！

范揚松同學柯P市長，從不喜歡到支持柯P，因為柯P說了「兩岸一家親」，不論是否真心，至少接近統派理念。再者，他敢說真話，在台獨貪腐勢力掏空國庫，天天腥羶滿朝之中，他勇於對抗綠營獨派邪惡高官，這是竹中精神。寄望柯P重擊綠營的詐騙謊言，發揮第三勢力作用。勉嵌「藍綠爛黨・民眾崛起」（2021.07.10）：

藍軍分裂打游擊，綠林惡賊團夥戰；
爛魚決河民倒懸，黨同伐異畜牲道！
民瘼積怨求疫苗，眾恨銷金怒火燒；
崛地千丈驚聲量，起鳳騰蛟看今朝！

證據！鐵證如山！全民再度關懷台灣區領導小英的「假博士案」，假論文追查進度何時了？紙包不住火，引爆全球的「台灣世紀醜聞」，是否可能破案？賀德芬、彭文正、林環牆等，在法庭論述舉證，不信這假博士假論文案破不了，老天有眼吧！邪不勝正。慨嵌「集團詐騙・欺世盜名」（2021.08.29）：

集蠅附蟻論文門，團夥行騙通鬼神；
詐惡治理德不配，騙拐坑蒙台獨毒！
欺天罔地孰能忍？世道好還惡業深；
盜匪竊賊不懺悔，名繮利鎖可憐人！

「速還真！」論文門大爆發，大家的領導竟是一生行騙的女人，學術界終於挺身而出。范揚松邀約好友方飛白、王富美、封玫伶、梁玫玲、吳尚等，共赴凱道聲援「速還真」抗爭大會。小英統領假博士假論文真騙子，數千教授齊喊下台，不信台島正義回不來。憤嵌「速還真相‧德不配位」（2021.12.27）：

速戰決絕拼天翻，還我河山揭義竿；
真贓現犯博論假，相機詭詐又蠻幹！
德無能少最殃民，不顧民心引外患；
配嘴打牙無恥極，位高權重更不堪！

為什麼身為台灣區領導人是冷血的？藝人關心兒童染疫重症死亡，竟被當朝貪官蘇真娼查辦，在野黨抨擊疫政弊端，政商勾結不法，側翼網軍便羅織罪名，東廠西廠則人身威脅，完全是恐怖統治的狀況。說是民主、人權，真是騙死人不償命，蘇揆說謊，陳時中活在大內宣中，人民應揭竿起義，把這些貪腐高官趕下台。范揚松怒嵌「殺雞儆猴・夭獸政黨」（2022.05.28）：

殺戮弱童情何堪？雞鳴狗盜皆高端；
儆心觸目織網羅，猴腮尖嘴心邪惡！
夭壽蘇揆嗆法辦，獸心狼子黑心肝；
政以賄成災難多，黨同伐異塔綠班！

大烏賊！抹黑對手，打到宏碁施振榮與農委會蘇嘉全，張善政反而聲勢崛起，烏賊戰要考量利害關係人。張善政驚人學歷及貢獻，可凝聚許多選票，驚嵌「佛頭著糞・反噬效應」（2022.09.01）：

佛口聖心與農業，頭角崢嶸常超越；
著實給力天下白，糞潑雙鄭嘴臉邪！
反轉視聽度萬劫，噬咬烏賊存志節；
效死揭竿求善政，應悔膛炸盡流血！

第十章 內外勾結舔美倭 美西霸凌現世報

駭聞太平島被仲裁為礁，貪腐台獨政權沒反應、沒作為，但能把一塊中國的島嶼說成「礁」，便知美國有多邪惡。這個「礁案」是美國花了三千萬美金，製造一個「假國際法庭」，鼓動菲律賓提出訴訟案，做出的判決，目的只是要鬪爭中國。幸好我大中國已非「吳下阿蒙」，很快該案被中國勢力粉碎，菲律賓看老美快不行了，不久也逐漸倒向中國。只有沉淪中的呆丸郎還在內鬪。范揚松擲筆怒嵌「太平無象‧爾虞狡詐」（2016.07.13）：

太阿倒持無外交，平地轟雷島成礁；
無腸可斷奈若何，象齒焚身烽火燒！
爾等奸情惡又驕，虞淵日薄藏凶兆；

狡辯豪奪豈無恨，詐彈詭譎掀怒濤！

哀小英政府！誤判南海太平島變「礁案」，恐引來凶險。但台島之貪腐政權恐非「誤判」，而是內外勾結，配合美國的政治鬥爭，這是背叛民族的行為。斥嵌「南疆失守・英全誤國」（2016.07.14）：

南海遽變喪國土，疆界崩毀狂濤怒；
失驚倒怪皆落彩，守闕抱殘奔歧途！
英聲欺世聯蜀吳，全功盡棄吞苦楚；
誤判錯讀因腦殘，國祚傾危我不服！

編者「老鄉」川普當選美帝大統領，開始發瘋式裂解美帝，看樣子美帝遲早出現「戰國七雄」；同時對我大中國進行全面大制裁、大打「台灣牌」。只可惜，中國已然強大，美帝經貿制裁、軍事威脅，結果只有自傷，加速美帝及西方勢力衰落，中國時代來臨了。讚川普！哀美帝！慨嵌「民調已死・名嘴破功」（2016.11.18）：

民不堪命怨衝天，調詞架訟忿成冤；
已然黑白測不準，死眉瞪眼鬼連篇！

名器濫使遮斷眼，嘴臭舌爛都打臉；
破罐還摔無藥救，功虧千簣敢厚顏！

冷眼看川普撕裂美帝，真是地球最美的風景！囂張上任，加速美西方衰落。又見朝鮮半島之南蠻朴槿惠，因「閨蜜案大騙局」下台，原來西方民主政治的本質就是一個「騙」字，難怪東西方思想家都言，「民主政治制度要改弦更張了」。看看全球言民主、人權，全是一派謊言，本質就是騙取選票，勝選者就是最能騙的狂人。哀！嘆嵌「德不配位．爭權奪利」（2017.01.18）：

德薄才大掀狂瀾，不堪聞問大內鬥；
配嘴打牙逞豪雄，位不期待美帝裂！
爭食雞鶩民生慘，權錢通神民主哀；
奪理強詞說人權，利害蒼生美西衰！

恐怖美帝！〈杜勒斯十條〉發威，操作香港反送中，暗中企圖製造動亂無上限，這是美帝的老套，美帝在對付「不乖、不聽話」的對象，就是同樣模式。我大中國的領導階層心知肚明，「讓它亂吧！才有機會下手，終結美西方控制香港的黑勢力」。惟哀一流城市淪為戰場，和台灣太陽花之亂，都是美帝背後的黑手操縱，回應蘇瑞屏灼見，真是智者所見略同，吾友范揚松博士高明啊！慟嵌「香江夢碎‧沉淪暴亂」（2019.08.22）：

香水軟紅夜笙歌，江楓漁火舞婆娑；
夢短更多妖風起，碎心妖風起美西！
沉浮俯仰裂山河，淪肌浹髓中國人；
暴亂源就是美帝，亂事難出如來掌！

嘆台獨偽政權的貪腐邪惡政客，仇中舔美無上限，連自己祖宗也賣了，而台島媒體全被閹割，以疫謀獨行五鬼搬運之實。川普傲慢狂妄，統領小英唱和仇中，美帝霸權不保，「美式民主」已破產，將造成美帝分裂，已有多州表示將宣佈獨立，真是美洲最美的風景。范揚松慨嵌「雙標政客‧無恥綠媒」（2020.04.05）：

雙面妖女行偏險，標同伐異多奸惡；
政以賄成台獨夢，客往人來魏忠賢！
無良黑心是川普，恥辱自取是小英；

綠肥紅壯看春殘，媒惡舔美全瘋癲！

美帝現世報！黑人早應相機獨立，宣佈「黑人美國獨立」，與「白人美國」之兩國論。現機會又來了！來得又急又猛，再度呈現美洲最美的風景，白人至上的美國警察，無緣無故又整死一個黑人，引爆全美黑人起義抗暴，而「四川老鄉」川普以暴制暴。看來美帝在全球到處發動侵略戰爭，美帝成了地球亂源，已自反噬內傷，造成本身的分裂，黑人要利用機會獨立才能自保，否則黑人天天都不安全。慨嵌「兵連禍結・逆天報應」（2020.06.03）：

兵凶戰危全引爆，連天烽煙黑人火；
禍不單行川普煞，結黨謀私白人國！
逆行倒施美帝惡，天助黑人要獨立；
報制那白色恐怖，應救黑人一法門！

老天爺看到了嗎？美國人的上帝看到沒？難道美國上帝不保障黑人！只愛白人乎？那黑人更應獨立。看！川普動用軍隊惡犬攻擊抗議黑人，而台島小英政府噤聲默許，可見貪腐偽政權多麼邪惡，美帝白人之惡正是黑人獨立的良機。黑人別忍了！起義建國吧！慨嵌「警虐窒死．暴君焚城」（2020.06.01）：

警憒覺聾驚視聽，虐焰惡燎抗暴行；
窒息黑人白人狠，死不瞑目黑人恨！
暴政烽火燒美帝，君不見黑人奮起；
焚骨揚灰殺白人，城池重建黑人國！

美帝完了！把自己玩完了！川普發瘋！彭佩奧發癲！言行如納粹法西斯，鼓動戰爭，反智反民主反人權，氣數已盡。全美國如第三世界，內憂外頹如土石流，更如希特勒之狂妄，其衰落分裂已成定局，沒救了，但這是黑人建國的機會，盼黑人把握良機。慨嵌「流氓美帝．納粹還魂」（2020.07.26）：

流血漂杵新冠毒，氓獠遍佈美各州；
美中叫囂逞一戰，帝國崩壞紙老虎！
納垢藏污白人國，粹夢已醒黑人族；
還陽借屍法西斯，魂飛膽破瘋川普！

驚破台獨膽！貪腐偽政權配合美帝反中，進美帝毒萊豬毒害台灣人民，把台島帶向戰爭邊緣。祖國戰機為反制美帝打「台灣牌」，飛越中線警告，或許美帝高官竄訪台獨，也正是統一之戰的練兵機會。

勉嵌「戰雲密佈．兵連禍結」（2020.09.22）：

戰機喧天破九霄，雲詭波譎浪驚濤；
密鑼緊鼓找機會，佈下天羅大一統！
兵無常勢解放軍，連山排海幹美日；
禍起蕭牆怪台獨，結黨營私火燒島！

押錯寶啦！綠營川粉滿臉全豆花！要去跳太平洋了。美帝魔鬼黨大頭目拜登勝出，以懸殊選舉人票擊敗夭壽黨大統領川普，但川普陣營認為拜登陣營作弊，不承認敗選。看樣子「美式民主」將成為瓦解美帝，分裂美國的利器，西方民主人權本是謊言，只是一種鬥爭工具。

慨嵌「拜登勝出．川普潰敗」（2020.11.08）：

拜將封侯夕陽紅，登鋒陷陣計無窮；
勝者稱王敗者寇，出謀運策爭頭目！
川竭山崩多險凶，普世疫煞猶逞勇；

潰敗反攻驚白黑，敗不承認揭竿起！

好大官威！偽AIT處長侵門踏戶太囂張，嚴然是台島之太上皇，在小英統領頭上下指導棋，而貪腐偽政府之酷吏立委名嘴等，則助紂為虐，利用東廠「查水表」。遍地烽火，罷免綠委，七成人民反萊豬，反東廠恐怖統台。慨嵌「萊毒立委・全面罷免」（2020.12.18）：

萊豬壓境舔豪強，毒茶台灣黑心黨；
立場詭變吳三桂，委紫拖金為虎倀！
全民起義抗無良，面目可憎鬼撞牆；
罷黜綠委風雲起，免職究責殺荒唐！

邪惡美帝抹黑中國無上限！濫用人權，染黑新疆棉花，引發愛國與否選邊問題，令人懷疑，歐美人權無標準，民主人權只是西方霸權鬥爭工具。慨嵌「濫誣人權・陰謀鬧劇」（2021.03.28）：

濫政黷武結團夥，誣陷新疆維吾爾；
人為芻狗歐美惡，權勢霸凌我中國！
陰陽雙標佈網羅，謀取棉利競掠奪；

鬧事尋釁七傷拳，劇繁引來中國火！

兩行淚落！位於神州邊陲的南蠻台島，在經貿上已成國際孤兒，兩大國際經貿組織把勢力範圍一劃，台島何在？領導昏庸失智腦殘，無限制舔美日賣台，叫經貿走上死路。這種背叛民族利益的漢奸政權，何時滅亡？王師何時來救？島民何時清醒？范揚松慨嵌「舔美媚日・終成孤軍」（2021.09.23）：

舔蜜刀頭入網羅，美帝附隨競需索；
媚求倭寇不知恥，日侵月蝕狠掠奪！
終天抱恨逞鎖國，成敗殘局破山河；
孤立德才皆不配，軍臨城下大一統！

神山不保！美帝國勢衰頹，仍全球到處發動侵略戰爭，乃至成為全球負債最多國家，開始掠奪全球財富。今更將掠奪目標指向台島之「神山」台積電，強勢要把台積電之設備和工程師，全搬到美國設廠。神奇的是，以賣台舔美為樂的台島不法政權之政客，竟也沒有意見（內外勾結好了）。這種背叛台島人民、背叛中華民族利益的偽政權，何時滅亡？王師何時來救？老天有眼嗎？范揚松憤嵌「美帝蠻橫・長臂管轄」（2021.11.01）：

美虎肆虐引狼煙，帝夢膏肓近瘋癲；
蠻惡侵凌無寧日，橫行暴虐美國鬼！
長轡遠馭霸權衰，臂擋狂砂鴻門宴；
管禿唇焦不爭氣，轄斷車毀旦夕間！

烏克蘭喜劇大統領擇連司機，中了歐美西方勢力的毒，聽信美帝謊言，把國家帶上悲慘的命運，烏克蘭在事實上已經亡國。而位在神州邊陲這南蠻孤島，號稱島主的假博士小英統領，舔美媚日無上限，正在將台島帶上戰火，眼前的現世狀況，都證明領導者的昏庸，就是人民的災難，也是國家民族的末日。范揚松哀嵌「兵凶戰危・美帝困局」（2022.02.25）：

兵多將廣俄羅斯，凶神惡煞美西魔；
戰地哭聲烏克蘭，危急存亡國將滅！
美夢破擇連司機，帝國安全俄普丁；
困獸倒霉是歐盟，局騙源頭在美帝！

誰是烏克蘭侵略者？要回到歷史文化及美帝霸權擴張。美帝多年來搞了五次「北約東擴」，在烏克蘭搞顏色革命政變，迫害境內俄羅斯族人，俄羅斯忍無可忍才進行反擊。壯哉！普丁有戰略眼光、有承擔，真乃俄羅斯族之民族英雄；而美帝為首的西方假民主陣營，才是人類的大災難。美帝要將台島「烏克蘭化」，不法政權的1450網軍、東廠、817白痴，都在舔美，戰火就將要在這鬼地方燃燒，而島民尚在沉睡。范揚松哀嵌「橙色革命‧兵連禍結」（2022.03.03）：

橙黃桔綠霜雪殘，色染腥羶烏克蘭；
革剛裂斷魂歸天，命蹇時尚屍骨寒！
兵凶戰危喪邦亂，連橫合縱迎終戰；
禍起美帝逞妖魔，結伙拉幫壁上觀！

戰爭只是前菜，背後是金融引爆。美歐發動經濟制裁俄羅斯，欲瓦解其經濟、金融、貨幣體系，收割俄人財富。普丁下令盧布結算與黃金掛勾，這是強而有力的反擊，盧布反而升值，這是普丁的妙招，還有和中國維持正常經貿，是對俄羅斯最大支持。在中俄合作下，美帝霸權已宣告結束，現在美帝將從衰落走向分裂，這是有大戰略眼光的范揚松教授，所已預見美帝的未來。慨嵌「貨幣激戰・美俄反噬」（2022.03.30）：

貨賄狼籍煙火台，幣重卑辭能源財；
激憤直指歐盟佬，戰鼓喧天大破壞！
美帝夢碎狠制裁，俄使盧布還魂來；
反殺美西中俄盟，噬臍莫及美國佬！

小英台獨偽政權媚日舔倭無上限，一個倭國的妖魔巨頭安倍死了，竟下令降半旗致哀，安倍家族罪孽深重，活該被刺殺下地獄。不該的是，台島是倭人殖民地嗎？人家倭島都未降半旗，不法政權的政客如倭鬼之皇民，台人因疫死萬人，不聞不問，倭鬼死了降半旗，這是什麼邪惡的心態，小英心中到底有多少恨？神奇的是，島民都無感，這是多麼可怕！又多麼可悲！范揚松哀嵌「披蔴媚日・降旗失格」（2022.07.11）：

披肝瀝膽表死忠，蔴菇獻祭無體統；
媚倭妖魔安倍死，日寇猖狂殺戮凶！

降顏屈體失心瘋，旗鼓何辜志氣窮；
失魂敢忘疫萬死，格不相入獨昏庸！

第十一章　孤臣孽子在孤島　讀聖賢書學何事

端午節，范揚松遙想屈原困頓人生與掙扎。一生以身為炎黃子孫為光榮，以身為中華民族的一員為驕傲，以擁有五千年歷史文化為自家寶產的范揚松，他自幼飽讀我們中國古聖先賢詩書，所學何事？他了然於心。是故，他滿懷春秋大義，置身於神州邊陲之孤島，眼看統一遙遙無期，在這中國人的重要節日，他想起自身所處環境，不也如屈原之困頓掙扎。嘆嵌「屈原憂國．投江明志」（2015.06.20）：

屈指難數百官刁，原因莫須命可拋；
憂讒畏譏君無能，國事惆悵怨未消！
投鞭汨羅人枯槁，江海魚龍掀狂潮；
明日醉酒悲歌泣，志業抑鬱滿離騷！

在我們中國歷史上出現過的貪腐政權，到目前為止，神州邊陲孤島這個不法的貪腐政權，應可排名貪腐第一名，把一個寶島搞成一個鬼地方。但吾人生於斯長於斯，對這塊土地上的災難，才會感到特別心痛，范揚松溯溪勘災，有感烏來深陷險境，皆由台獨黑心政客造成。憤嵌「國土塌陷・災難烏來」（2015.08.16）：

國政沉淪無主張，土崩地裂皆瘡傷；
塌天山倒鬼地方，陷身煉獄責誰扛！
災雖暴颱狂掃蕩，難關難過又斷糧；
烏鴉警示台獨夢，來去惡搞太荒唐！

聲援中央通訊陳董國祥學長，挺身力抗貪腐的不法政權，可敬可佩！范揚松等一介平民書生，無權無勢，手無寸鐵，有什麼能耐力抗貪腐強權之東廠黑官？只憑讀聖賢書時，在心中的一股天地正義和正義。啊！為陳國祥、范揚松等喝彩，挺嵌「迎擊怪獸・捍衛新聞」（2016.09.13）：

迎風冒雪白露寒，擊筑悲歌裂肝膽；

怪誕不經台獨毒，獸畜豕交秋景殘！
捍然不顧鷹犬亂，衛護燕巢揭義杆；
新恨舊仇催命急，聞聲救苦度關山！

嘆兩岸急凍，人民憤怒抗議上街，台獨政權舔美媚日，一副漢奸嘴臉作為，配合美西方惡勢力搞反中，把台島弄成美帝的抗中基地。引來戰火，對人民有好處嗎？有誰深思過？范揚松慨嵌「九二共識．一中各表」（2016.09.19）：

九曲迴腸度天關，二龍搶珠望眼穿；
共枝別幹各歧途，識時變通孤掌難！
一帶一路萬重山，中原逐鹿心膽寒；
各自搏擊新南向，表裡受敵豈不堪！

聲援「新五四」大學自治黃絲帶運動，主要針對台大，台毒黑水污染了大學乾淨的環境，政客企圖把台大搞成「台獨溫床」。范揚松曾教台大高階班七年，不忍這個台島最高學府被毒（獨）化，感傷啊！慨嵌「鐘聲響起．教育還魂」（2018.05.05）：

鐘鳴鼎食亂人間，聲名狼籍拔管先；
響徹雲霄新五四，起根發由抗強權！
教導多方識凶險，育德振民辨忠奸；
還我自治黃絲帶，魂魄歸來傳斯年！

黃大洲寡言力行，更勝柯P狂言傲慢，勸老同學柯P見賢思齊，吉人寡言；惟讚美柯P敢言「兩岸一家親」，這鬼地方經三十年的妖魔洗腦去中國化，能這樣說的政治人物有幾？讚嵌「謀深思遠‧功蓋台北」（2018.05.17）：

謀無遺策執厥中，深林大安驚飛鴻；
思防澇洪截彎道，遠近捷運八達通！
功德無量滿春風，蓋世拔山顯神工；
台彭兩岸一家親，北斗光采憶黃公！

看錦衣衛鏽春刀影片，憶消滅東廠事記，深夜拜讀竹中大學長陳國祥兄讜論，宏文筆力萬鈞，頓覺天地有正氣。范揚松等孤臣孽子雖在孤島，讀聖賢書，所學何事？均了然於胸，乃有正義之言。慨嵌「閹黨干政・東廠必滅」（2018.11.17）：

閹人營私黯揪團，黨國不分凶狠殘；
干卿底事任權錢，政以賄成亂江山！
東方不敗裂膽寒，廠公姦佞敢謀反；
必然無後自作孽，滅祖欺師一刀斬！

聲援竹中、政大學長藍清水博士，藍學長任社區大學校長，對校外台獨份子嚴厲批判其無知媚日。倭國在台時期，屠殺四十萬台灣人民，獨派卻忘本媚日，卑躬屈膝，一副奴才本性，真是悲哀。哀嵌「侵門踏戶・必遭天譴」（2019.02.25）：

侵凌遺像滿腥騷，門牆妖魔恣狂囂；
踏斗醉步台獨夢，户盡門殫死裡逃！
必有惡報罪不饒，遭劫在數地獄到；
天震地駭千夫指，譴責罪惡剮千刀！

歐大教授群餐會，一群學者專家慷慨陳辭，振奮人心。感覺尚有不沉淪的中國傳統知識份子，似孤臣孽子在孤島相聚取暖，大家高論讀聖賢書，所學何事?各述己見，群情激奮，范揚松妙嵌「夢想組合・反轉政治」（2019.05.26）：

夢裡南柯郭王配，想望豐采朱團隊；
組織韓粉掀台風，合擊分進拼千回！
反同擁核請鍾魁，轉戰工農勢可為；
政局貪腐揭竿起，治理一中史定位！

郭台銘退黨！夜讀陳國祥批判鴻文，另讀項羽劉邦垓下戰役前困後果。另，秋節餐敘時，吳伯雄、吳敦義、張顯耀，均言秋節後更圓滿。慨嵌「楚王鬼雄・霸業難成」（2019.09.13）：

楚河漢界競相爭，王孫貴戚棄范增；
鬼哭神嚎殺戮極，雄師末路垓下城！
霸市欺行毀前程，業障現前群魔生；
難登青天烏江恨，成敗在心盡可憎！

參加前中央社陳董國祥兄《翻轉台灣》出版，一位中國傳統知識份子諍諤之言。國祥兄文雄筆健，字裡行間散發正義感，如天地間之正氣。范揚松讚嵌「全台翻轉・匡濟倒懸」（2019.11.05）：

全民揭竿馬蹄疾，台彭金馬都起義；
翻空出奇是一中，轉海回天一椽筆！
匡謬反正韓國瑜，濟困拔苦爭議理；
倒海翻江王師來，懸旌終結奸獨敵！

拜讀陳國祥兄讜論見解，洞若觀火，一如《翻轉台灣》新書，文中論述完整，分析入理，有評價有判斷，有逆轉勝錦囊。范揚松讚嵌「十箭齊發・逆轉奪勝」（2019.12.12）：

十圍五攻計連環，箭拔弩張破天關；
齊逐偽政驚濤浪，發揚踔勵搏江山！
逆臣賊子芒果乾，轉輾孤島決死戰；
奪旗斬奸當奮起，勝算一統王師還！

與胡幼偉、盧治楚教授等友，選後餐敘並作選戰前中後要聞搜秘。胡教授為選戰寫六十萬字，范揚松也完成百首藏頭詩，記錄台島偽政權之妖女魔男，為島民帶來的災難，為這不義的時代及貪腐奸官留下見證記錄。慨嵌「參謀策士・鼓動風潮」（2020.01.14）：

參橫斗轉破幽明，謀臣猛將出奇兵；
策有遺算台獨惡，士死知己正視聽！
鼓旗相當妙筆靈，動地驚天付衷情；
風刀霜劍也不懼，潮鳴電掣神鬼驚！

哀悼許議長！哀悼高雄！哀悼這鬼地方的鬼政權！台獨偽政權動用黑勢力，對清廉的高雄市長韓國瑜罷免得逞。許崑源議長死諫，悼議長！哀高雄！憶勾踐范蠡兵敗為僕，最終逆轉反勝，成春秋一霸。慨嵌「霸凌民主・再戰風雲」（2020.06.07）：

霸道橫行無上限，凌弱暴寡任倒懸；
民猶芻狗台毒惡，主子妖女狠奸險！
再見韓流莫等閒，戰火王師救能賢；
風霜刀劍何懼有，雲起神州回歸天！

彭百顯縣長出版新書，七百頁字字血淚。彭因「九二一冤案」，擋人財路，被台獨惡勢力構陷受誣，官司纏訟十餘年才平反。聆聽城仲模、李鴻禧、陳志龍等，為彭百顯仗義直言，感慨台獨惡勢力之凶險可怕。去年范揚松曾與彭縣長單獨深聊四小時，同感那些邪惡人妖，手段凶殘且令人齒寒。概嵌「生命沉香・激濁揚清」（2021.04.01）：

生離死別花飄零，命懸一線見猙獰；
沉冤蒙垢多魍魎，香接三界通神靈！
激忿惡人怨填膺，濁流橫行恨不平；
揚眉何懼刀斧煞，清風高節敢爭鳴！

第十二章 東廠橫行寶島劫 眾生盼望王師救

台島貪腐偽政權之偽立院，在眾多不法之偽立委操弄之下，〈促轉法〉被強勢通過，這表示超越往昔「警總」之恐怖組織，轉型誕生了，這是一種變態之「現代東廠」。也由於統派在台島之不團結，形同一隻「肉雞」，就使得貪腐政權更可蠻幹，各種變態之東廠西廠可以橫行。而誰顧蒼生？眾生盼望，王師何時來救？范揚松哀嵌「轉型不義・群魔亂舞」（2017.12.07）：

轉鳳偷龍藏凶險，型塑議決妖女騙；
不恥夭壽錦衣衛，義難服眾全逆天！
群情揭竿引烽煙，魔神魍魎再重現；
亂法犯紀東西廠，舞爪張牙逞奸權！

驚聞！哀！所謂「轉型正義促進會」，升格東廠，私設刑堂，已設訂抓捕目標（統派要人），島民人人自危，實是民主人權之奇恥大辱。此事被一個研究員吳佩蓉揭發，范揚松向這位「台島良心」致敬，編者亦向她致敬，期待這個鬼地方多些有良心的人，就可以不叫鬼地方。憤嵌「轉型不義・東廠復辟」（2018.09.14）：

轉彎抹角仍魔臉，型範淪喪起烽煙；
不成體統張天欽，義斷情絕東廠天！
東竄西跳幾瘋癲，廠獄構陷任株連；
復去搞來又西廠，辟除忠良禍人間！

哀！東廠附隨組織殺害忠良外交官。悼祭含冤受辱而死的忠良外交官蘇啟誠處長，「助日代表」謝長廷卸責逼死人，舉國譁然，而貪腐台獨政權之政客仍在為謊言辯解，東西廠的附隨組織人馬，遍佈每個角落，「小心！東廠就在你身邊！」下一個會被誣陷而死的人是誰？范揚松哀嵌「官僚冷血・綠黨殺人」（2018.09.16）：

官箴淪喪太荒唐，僚屬死諫恨東廠；

冷言酸語謝長廷，血淚斑斑斷肝腸！
綠強藍弱真反常，黨同伐異害忠良；
殺身成義蘇啓誠，人妖顛倒獨台狂！

台鐵普悠瑪翻車案未了，又聞吳子嘉揭發千億火車採購案，爆發官商勾結，內神通外鬼，貪官從中取利。不得不承認，這個非法政權的政客們，什麼都敢吃，敢拿敢撈，知道就快沒明天了！吃飽撈飽走人，遠走高飛，留下無辜的呆丸郎，呆呆的看著另一批貪官上台大撈。范揚松哀嵌「官僚殺人・基層何辜」（2018.10.25）：

官字兩口吃不飽，僚屬共貪台島倒；
殺人不須動刀劍，人心奸惡無人道！
基下牆高逞天嬌，層峰人樣皆魔妖；
何患無辭莫須有，辜恩負義殺千刀！

被東廠隨附人馬謝長廷逼死的外交官蘇啟誠，是范家女婿，蘇岳父是國學家范差新圳。回應竹中大學長林濁水、蔡詩萍讜論鴻言，蘇外交官不堪誣陷受辱，以死明志，而逼死人的貪官政客爭相卸責，甚至冷語譏諷。有正義感的人實在看不下去，紛紛提筆批判，范揚松憤嵌「官僚殺人・冤魂待雪」（2018.12.22）：

官箴頹喪又齷齪，僚氣太毒殺人魔；
殺身成仁照日月，人間悲憤盡哀歌！
冤情屈負志不奪，魂牽夢縈歸故國；
待得雲開王師來，雪恨有時擊響鑼！

哀！悼這鬼政權，又一個「東廠法」被「合法」通過。駭聞刑法一百條復辟，國安五法架設天羅地網，等於是東廠林立，西廠遍佈，未來這個鬼地方沒有最恐怖統治，只有更恐怖統治。所謂民主、人權、自由，全是非法偽政權的政治鬥爭工具。范揚松哀嵌「國安惡法・綠色霸權」（2019.07.06）：

國非國盡是妖風，安得蒼生能從容；
惡極政權皆魍魎，法皆惡法不認同！
綠林漢奸鬼眼紅，色厲內荏反送中；
霸凌橫行天人怒，權謀獨台失心瘋！

「拔管案」續演官場現形記，所謂偽監院公懲會已是東廠附隨組織，「公懲」成了政治鬥爭手段，專懲忠良和統派人馬，不聽妖女魔男的話也重懲，因你不乖。如今，東廠黑手伸入台大校園，學府淪為戰場，范揚松任教台大高階經理班多年，不忍台大受害。憤嵌「群起反噬．多期不遠」（2019.09.03）：

群魔亂舞附腥羶，起豎為偃恣拔管；
反攻倒算直憤慨，噬堯跖犬度險關！
多鬼成蜮星月寒，期待人民揭義竿；
不畏獨害留正氣，遠近起義共肝膽！

嘆綠營陳姓偽監委政次，狂妄行徑，言語邪惡到極點，看貪腐偽政權的〈反滲透法〉，成了歷史上恐怖的極限，到了人人可以入罪的境界。其惡法惡行，一方面利用東廠錦衣衛加強控制，捕捉忠良和統派，再利用網軍、綠媒和貪官，不斷進行美化和洗腦。可悲啊！呆丸郎至今沉睡不醒，因中毒太深。范揚松悲嵌「獨裁專制．極權統治」（2019.12.19）：

獨毒邪惡無是非，裁心鏤舌罪成堆；

專橫弄法妖魔官，制變無恥德不配！
極惡窮凶惡犯規，權豪勢要千里追；
統籌兼顧反滲法，治絲益棼台人悲！

讚同不應以防疫包裝，歧視千人連署，更反對法西斯主義侵凌人民的言論自由。看張雅琴及名嘴綠媒叫囂，不光東廠西廠佈滿全島，且已「法西斯主義化」，這是台島之末路，人民之災難何時休？支持政大郭力昕院長倡議。勉嵌「救無別類‧應物不傷」（2020.03.23）：

救病扶危存善念，無的放矢顯鄙賤；
別具黑心法西斯，類聚群分恨殘忍！
應急粗暴行偏險，物極必反天可憐；
不義政客成名嘴，傷風駭俗競瘋癲！

張天欽們何時休？東廠西廠業務頂盛！再現政治掠奪血滴子。恐怖！回應張景為讜論，充滿正義正氣，「轉型正義」掠奪異己財富，成了消滅統派的工具。偽「轉促會」的設計，就是以正治清算為目標，從不考量正當性，總之就是台獨偽政權橫行胡來，恣意妄為。祈禱老天爺，東廠早關門吧！王師早來救！范揚松慨嵌「促轉東廠・哀塔綠班」（2021.09.09）：

促節繁音奏悲歌，轉輾巧取競豪奪；
東奔西竄錦衣衛，廠公奸邪誰奈何？
哀哉凶殘妖魔多，塔斜城毀喪天德；
綠黨貪腐台獨毒，班門弄斧盡禍國！

炸鍋了！人妖唐鳳提〈數位中介法〉，要控制網路社交言論，使恐怖統治更順利。不法貪腐政權封殺中天後，進一步言論控制，呆丸郎更大的災難降臨了，東廠的東廠誕生了！還沉淪不醒。范揚松憤嵌「獨裁管制・言論已死」（2020.08.20）：

獨夫賊子競囂張，裁心鏤舌作虎倀；
管井窺天中介法，制鬼牽神出魍魎！
言顛語倒陳耀祥，論辯風生敢鏗鏘；
已盈惡貫妖唐鳳，死有餘辜滅東廠！

陳時中「暗室交易」秘密，封存三十年，知法玩法無上限，當呆丸郎真的是塑膠。幾千億人民納稅錢，豈能政客私密交易，陳時中惡行又踏萬具屍體，拾級而上選市長，有天理嗎？罵嵌「保密貪贓・藏污納垢」（2022.08.24）：

保帥丟車高端財，密網深文鎖不開；
貪瀆搜刮難聞問，贓污狼藉禍成災！
藏頭露尾敢為害，污吏奸官相掩蓋；
納賄弄權不幹活，垢面囚首皆妖怪！

人妖唐鳳搞〈數位中介法〉，每年數百億民脂民膏養網軍，用來控制人民思想言論，公部門體系任由唐鳳玩弄。除了成了吃預算怪獸，也壯大了東廠的恐怖統治，范揚松憤嵌「網路東廠・數位警總」（2022.08.30）：

網密深文羅織狂，路斷人稀驚恐慌；
東邪西毒妖風起，廠有側翼吃人糧！
數術盤算亂廟堂，位竊雲端鬼打牆；
警心觸目東廠在，總是彈指出魍魎！

第十三章　卡管拔管新五四　台大終究有骨氣

貪腐的不法政權，為了把台島最高學府台灣大學，「轉型」成新生代台獨思想養成所，首先當然要由獨派人馬當台大校長。結果出現意外，選出一個非獨的管中閔校長，獨派的妖女魔男動員全部黑暗勢力，進行「卡管、拔管」大工程，阻絕管去接任校長。偽教育部只是眾多邪惡打手之一，自然是聽命其主，為「卡管」而進行恐攻，以配合其他檢調網軍，校園成了戰場。慨嵌「教部拔管・台大蒙羞」（2018.03.23）：

教長綠媒妬才賢，部會助紂藏姦險；
拔除逞勇刀劍舞，管爺怒目罵瘋癲！
台澎金馬猶戎嚴，大學淪喪糞潑天；
蒙塵含垢揭竿起，羞與為伍我頂尖！

黑暗勢力的「卡管」來勢凶凶，不法政權透過各種東廠勢力，動員網軍對管中閔、對台大，進行包圍抹黑大戰。「新五四」的正義抗爭，看似急急可危，於是出現另一種聲音，建議統派徵召管中閔選台北市長，且已有不少支持，包含范揚松，勉嵌「政府霸凌・揭竿起義」（2018.04.08）：

政客邪惡計多端，府中妖魔臭腥羶；
霸權蠻橫獨台毒，凌遲台大更拔管！
揭地掀天同肝膽，竿頭白仗奔梁山；
起鳳騰蛟飛九天，義不容辭決心戰！

范揚松細讀夏珍讜論，教育部長瀆職失格，竟配合政客網軍東廠等黑暗勢力，抹黑管中閔和台大，無異成了魔鬼打手，應下台謝罪。憤嵌「魔手拔管・斯文掃地」（2018.04.13）：

魔毒狠怪鬼交鋒，手零腳落潘文忠；
拔地搖山動校本，管窺蠡測就不通！
斯奪負乘鑽暗洞，文過飾非毀黃鐘；
掃盡亂臣賊子們，地坼天崩滅妖風！

拔管戲碼有轉折，台大國際排名跌跌落，讓人憂心，難道是貪腐政客抹黑台大發生的作用？范揚松取意賴神、管爺，引用九陽真經妙言。慨嵌「風鳴山崗・月湧大江」（2018.04.16）：

風刀霜劍滿烽煙，鳴金擊鼓飛冷箭；
山窮水盡無覓處，崗頭澤底多凶險！
月旦春秋常有冤，湧雲起霧亂人間；
大器難成應有恨，江山半頹破頂尖！

怪哉！銅臭貪腐吳部長，拔管竟然理歪氣壯，要向他頂頭妖魔主子交心嗎？范揚松在台大高階經理任教多年，不忍台大被抹黑、被黑心教育部長霸凌，挺身支持台大不服從，掀起「新五四」運動。憤嵌「黑手拔管・台大魂斷」（2018.04.28）：

黑風孽海亂烽煙，手零腳落舉世嫌；
拔地雲湧不服從，管爺何妨笑人間！
台上部長權滾錢，大膽妄為敢瘋癲；
魂飛魄蕩新五四，斷壁殘垣誰可憐？

勉予恭喜！范揚松積極參與「新五四」運動，打了大勝仗，要回了校長。哀！教育部為「卡管、拔管案」，折損三部長，又遭九合一大選潰敗，終於勉強發給管校長聘書。不法之貪腐政權把黑手伸出台大，造成台大五百天沒有校長，民怨大反撲。慨嵌「勉予核定・政官無恥」（2018.12.24）：

勉為其難闖天關，予奪生殺誰來管？
核覆多難幾春秋，定亂扶危新五四！
政媒嘴臉逞凶殘，官僚殺人敢逆轉；
無獨韓流破妖風，恥居人後總不堪！

范揚松號召揭竿起義，奮筆捍衛回應台大管中閔校長，批判政治黑手一再玷辱學術殿堂；高舉義旗，助掀台大「新五四」浪潮，使民心產生大移轉，有利統派大選獲勝。憤嵌「深文周納・羅織構陷」（2019.07.03）：

深惡痛疾害忠賢，文深網密競凶險；
周比阿黨鄙劣甚，納垢藏污綠政權！
羅鉗結網敢逆天，織罪彈劾盡人嫌；
構訟興詞皆可殺，陷人不義應鋤奸！

大讚！台大審定林智堅碩士論文抄襲，撤銷學位。管中閔與學倫會議決，中外讚譽台大不畏強權黑手，維護學術倫理，挺助風骨，台大終究有骨氣，禮讚管中閔校長。范揚松憤嵌「虎頭刀鍘・堅情現形」（2022.08.09）：

虎穴龍潭藏妖孽，頭焦額爛歪嘴斜；
刀鋒新硎殺抄襲，鍘向犀牛度鬼月！
堅不吐實綠林賊，情見力屈遍腥血；
現身說法敢拗騙，形格勢禁生死劫！

太驚悚！豈只一屍五命，將是屍橫遍野。不法政權之小英統領不惜摧毀台大學術倫理，台大嚴謹審定抄襲，撤消碩士學位，小英仍對幹護航，真是道德破產無底限，無恥無德無下限。慨嵌「對幹台大・喪心病狂」（2022.08.10）：

對簿公堂逞強權，幹將莫邪殺通堅；
台榭樓閣戲入迷，大吹法螺誰要臉！
喪天害理民倒懸，心魔詭詐行凶險；
病入膏肓腥羶臭，狂犬吠日皆逆天！

大逆轉！全黨挺堅，對幹台大，再對撞民意，再換堅……小英義和團幹架學術倫理與全民智慧，從昏君變暴君，從假博士變真巫師。林智堅被判定雙抄襲，仍死不認錯，選票會教訓小英們。范揚松慨嵌「死不認錯‧屍橫遍野」（2022.08.12）：

死皮賴臉大通堅，不攻自破萬人嫌；
認影迷頭死硬拗，錯認顏標敢喊冤！
屍速列車行偏險，橫柴入灶多謊言；
遍揭義竿抗妖魔，野調無腔都是騙！

第十四章　將帥無能三軍死　以疫謀獨死萬人

大爆發！大動亂！每日傳一百五十人確診新冠病毒。疫政失靈、范雲失職、機師失序、獅子會長失格，到陳時中失能。就是亂！口罩之亂！紓困之亂！仇中之亂！外宣之亂！疫苗之亂！疫調之亂！嘆嵌「瘟疫撲擊・哀鴻遍野」（2021.05.15）：

瘟神猖狂萬民慌，疫煞凶殘戰魍魎；
撲殺此獠破口在，擊鼓鳴金多死傷！
哀哉政客鬼撞牆，鴻飛霜降景凄涼；
遍地烽煙竟隱匿，野調無腔魔鬼黨！

不普篩嗎？貪腐政府政客掩耳盜鈴，這些貪官在怕什麼？各國皆普篩，台島只有義和團網軍掩蓋疫情。陳時中以疫謀獨，大外宣又大內宣，形成遍地破口，每日數百例竄升中，范揚松怒嵌「蓋牌疫調・盲人摸象」（2021.05.16）：

蓋頭換面暗毒傳，牌懸印掛競蹣頇；
疫染全台無絕期，調嘴弄舌大昏官！
盲從上意造神壇，人為刀俎多隱瞞；
摸牆扶壁鬼劃符，象煞介事驚膽寒！

逆時中？陳時中神壇崩落，防疫不力，「以疫謀獨」意識作怪，攻擊世衛，以疫炒股，應急無方。疫苗淪為炒股賺災難財，急診室哀嚎！四大醫學中心人山人海，醫護喊「撐不下去了！」貪腐政府，以疫炒股，罪孽深重。哀嵌「裝神弄鬼・庸醫誤國」（2021.05.18）：

裝抹金粉登高壇，神通上意曲承歡；
弄權挾勢德不配，鬼頭鬼腦總欺瞞！
庸才謀獨多破綻，醫時救弊空嘴談；
誤判疫情還演戲，國運乖蹇盡艱難！

逆思考！校正回歸不是什麼大壞事。陳偽部長不檢討疫情真假，小民挪用此四字沉思，果然茅塞頓開。勘嵌「校正回歸・反思復盤」（2021.05.22）：

校閱虛實辨陰陽，正襟危坐悲懷壯；
回首前塵疫謀獨，歸返中華是原鄉！
反轉逆緣爭向上，思入風雲多猖狂；
復返終始執厥中，盤根究底破萬相！

捉鬼！台島之偽大統領府內有鬼。綠黨林瑋豐、楊敏，化身對岸同路人，網軍立委唱和洗腦，817智障分裂台灣。可惡都是假消息，1450反串散播仇中反中意識，真是罪大惡極，民族敗類。范揚松憤嵌「認知作戰・鬼魅網軍」（2021.05.26）：

認賊做父幹反串，知來藏往綠林竄，
作虛弄假黨中央，戰不旋踵臭腥羶！
鬼影猖狂通天關，魅魑魍魎遍台灣；
網漏吞舟真卑鄙，軍法從事求翻轉！

不法政權以騙起家，沒有最騙，只有更騙，所以台島之政客說謊騙人已成常態，年輕世代也習慣無感了。如疫苗採購，人命關天，但從蘇偽院家、偽部長等，為圖利高端，上下都在說謊，矛盾重重，不顧人民死活。執政者用假博士、假論文欺騙天下人，還有什麼不能騙？范揚松怒嵌「詐騙集團・喪心病狂」（2021.05.24）：

詐術妖言出廟堂，騙神裝鬼猛撞牆；
集權奪利民命賤，團夥賣台還囂張！
喪德背信滿膿瘡，心向高端股飆漲；
病在台毒才掏空，狂妖亂世金光黨！

抱不平！1450網軍抹黑院士，道不同不相為謀，陳培哲教授認高端、聯亞疫苗違反專業倫理，退出審察。游盈隆教授說陳培哲是誠實且正直的人，知識份子應聲援，如武昌起義打第一槍。慨嵌「暴力威權・強渡關山」（2021.06.08）：

暴政如虎經萬劫，力抗網軍噬專業；
威逼潑糞霸凌極，權錢飆股肝膽裂！
強辱劣嘴競作賊，渡江亡楫疫苗缺；
關門鎖國官箴壞，山崩海嘯多死別！

哀哀哀！范家竟出了如此子弟，壞了優良門風。綠林偽立委范雲大破口，英國變種肆虐，不知要死多少人！黑暗網軍頭子范綱皓，公然假 FDA 數據護高端股，如此不顧人民死活，仗勢硬拗，歷史不會忘記。范揚松悲嵌「范雲病毒・綱皓造假」（2021.06.13）：

范家門風出凶險，雲譎波詭爭解嚴；
病株變種開破口，毒魔邪妖禍人間！
綱紀棄毀還強辯，皓首黃童競相騙；
造孽欺神胭脂抹，假戲真做解盲前！

大慈悲！讚嘆藝人三天募集救命神器……賈永婕、黃光芹等籌資捐輸，竟被貪腐政權之網軍 1450 抹黑，這個綠黨尚有人性乎？滿朝貪官，失德失能失信，尚能存在多久？怒嵌「善念義舉・神鬼現形」（2021.06.15）：

善惡昭彰莫等閒，念咒畫符謊連篇；
義行可風送神器，舉鼎拔山一馬先！
神壇盡毀人倒懸，鬼哭狼嚎阻捐戲；
現世報應萬夫指，形格勢禁狂打臉！

大悲哀！這些人連鬼都不如！貪腐偽政府六十二個邪惡綠委，竟然配合上意阻擋採購疫苗，不管同胞死活。回應黃丙喜，感慨知識份子沉淪，給人民製造災難。憤嵌「謀財害民・綠委橫行」（2021.06.20）：

謀獨綠焰臭燻天，財殫力屈忌能賢；
害物殘民萬人死，民賤官尊霸凌先！
綠林結黨競竄連，委過爭功內外宣；
橫征暴斂將無能，行號巷哭帥可憐！

大荒謬！超前佈署！台島竟成疫苗乞丐，貪腐之不法政府阻止疫苗採購，導致多死了七百人，卻跪謝美帝立淘完施捨，大搞以疫謀獨陰謀，真是民命不如狗。人民受不了了！抗議潮起，野火燎原，將燒垮綠林。憤嵌「護航高端・丐幫難民」（2021.06.25）：

護過飾非藏疫毒，航海梯山神不助；
高層邪惡搞黑箱，端倪畢現竟謀獨！
丐衣豕食倒懸苦，幫虎作倀狠攔阻；
難逃天譴子孫絕，民憤掀天大反撲！

紅花祭！何日再現反貪腐、反無能、反人性、反謀獨，讀施明德讜論，批判貪腐執政者失德失言；防疫獨裁，民主暴政，民不聊生，各方揭竿起義。讚嵌「紅潮再起・天下圍攻」（2021.06.26）：

紅潮掀天驚濤浪，潮打貪腐喪心狂；
再作馮婦豈讓賢，起師動眾入亂邦！
天譴人禍疫苗荒，下情難達貪腐黨；
圍城百萬揭竿起，攻破神壇救死傷！

萬夫指！怒嗆小英特助，不可思議！綠林邪惡主席之貪腐特助洪耀南，竟譏諷搶殘劑疫苗民眾，真是狼心狗肺的東西。回應蔡詩萍兄讜論，小英縱容囂張，難辭其咎。范揚松幹嵌「狐假虎威・社鼠惡犬」（2021.07.08）：

狐唱梟和民遭殃，假痴不癲恣調侃；
虎口餘生求殘劑，威逼計誘喪心狂！
社稷斗民多踉蹌，鼠竄蠅營邪惡黨；
惡膽包天鬼神怒，犬牙鷹爪暴政亡！

天下最無恥，再為全世界示範一次，鴻海郭台銘和台積電劉德音，為人民請命購贈疫苗。貪腐政府政客竟先卡關，再行搶功，一劑三十炒到五十元，差一億美金，真是謀財害命。怒嵌「搶功諉過・厚顏收割」（2021.07.12）：

搶食疫劑德能鮮，功勳濟世靠民間；
諉罪卸責官無恥，過竟殺人還要騙！
厚黑貪贓權爭錢，顏色派閥戲八仙；
收歸私囊窩裡反，割袍斷義都逆天！

大黑幕！百姓納稅錢跑到哪裡去了？疫苗預算憑空消失，說是列入機密，貪腐綠黨黑箱審查竟不公佈。阻擋民間採購疫苗，人民又要多死千人。范揚松憤嵌「居心叵測・高端黑箱」（2021.07.20）：

居傲又惡大官僚，心魔妖邪廟堂高；
叵信審議品德賤，測海以蠡無間道！
高價炒股連環爆，端倪畢現吸脂膏；
黑燈瞎火不避嫌，箱底齷齪殺萬刀！

反對新冠疫情蓋牌，掩耳盜鈴藏黑數。指揮中心面對疫情破五萬，死亡急遽上升，篩劑不足，疫政大亂，陳時中竟擬不報染疫傷亡數。顯示將帥無能累死三軍，而網軍 1450、側翼 817 都不顧是非，只配合帶風向，真是邪惡！憤嵌

「黑數蓋牌・荼毒蒼生」（2022.05.10）：

黑心狗肺斂橫財，數短論長信口開；

蓋地遮天腥羶臭，牌懸印掛逞獨裁！

荼害老弱疫成災，毒妖變異發狠怪；

蒼天無眼官殺人，生靈塗炭全島哀！

將帥無能累死三軍，疫情指揮中心皆昏庸。疫情如此嚴重，偽行政院長不負責，指揮官說謊。而實際上沒口罩、沒疫苗、沒篩劑，八千四百億到哪裡去了？陳時中自仗朝中有人，配合上意，以疫謀獨，阻擋民間採購疫苗，真是謀財害命，人民何處求救？憤嵌「德才不配・陷民倒懸」（2022.05.09）：

德無能少居高端，才疏識淺鬼把關；

不問蒼生疫煞苦，配嘴打牙競護盤！

陷落黨邪驚腦殘，民怨掀天亂轉輾；

倒施逆行萬夫指，懸羊賣狗惡貪官！

真沒天良！陳時中竟擋慈濟、鴻海、台積電買疫苗，三年疫情死萬人。他一再說謊，以疫謀獨，貪贓枉法，護航高端，事已敗露，全台選票大失血；陳時中超前佈署搞假，冷血對待人民，還想當市長嗎？范揚松幹嵌「謀財害命•人神共憤」（2022.09.12）：

謀圖不軌臭腥羶，財迷鬼竅護高端；
害物殘民又囂張，命猶懸絲揭義竿！
人面獸心痴嗔貪，神鬼交鋒競獨斷；
共擊狗官虎頭鍘，憤風驚浪誓翻轉！

第十五章　神州眾仙搏美帝　詩人楊松變戰士

美帝對我神州祖國進行關稅貿易戰，我神州眾仙自古以來打仗起家，有五千年戰爭智慧，美帝瘋人總統川普能有什麼作為？而台灣一味舔美反中，能脫離我大中國之手掌心乎？中國強起來了，大國搏奕，中國必勝，美帝必垮！范揚松讚嵌「大國搏奕・貿易驚濤」（2019.05.08）：

大浪襲來有些寒，國計民生關稅戰；
搏擊挽裂死較勁，奕棋反覆最不堪！
貿絲抱布狠計算，易轍改弦設高欄；
驚魂未卜難為小，濤聲炮影任洄瀾！

大國搏奕，大棋局！我大中國不動如山，戰略佈局高明，美帝內部問題重重，黑白矛盾已撕裂社會，中美搏奕，美帝節節敗退。慨嵌「美帝崩盤‧乾坤重整」（2022.04.21）：

美人遲暮醉蹣跚，帝國夢碎前景殘；
崩山裂海邊與角，盤龍臥虎奪江山！
乾照東協尋逆轉，坤藏歐亞過千關；
重啓盛世一帶路，整軍經武敢決戰！

貪腐的不法政權，不惜背叛列祖列宗，背叛自己民族利益，更背叛當下的台灣人民利益，一味跪舔美倭。如此，造成兩岸經貿農漁斷絕，台灣人民生計受害嚴重，這個偽政府不該存在，王師何時來救，詩人范揚松化身戰士，就要親自上戰場，推翻不法政權。憤嵌「官僚失能‧石斑悲歌」（2022.06.12）：

官虎吏狼搞反中，僚氣燻天鬼稱雄；
失道寡助漁農苦，能少德無陳吉仲！
石沉大海驚濤凶，班駁陸離路不通；
悲催泣血誰佔隊？歌功吹捧猶狗熊！

美帝又玩火，眾院斐洛西老妖婆訪台！美帝衰落，對我大中國已無可奈何！

打又不敢真打，阿富汗都打不下來，敢和中國真打嗎？只剩下玩玩「台灣牌」了。而台灣正好出現一個背叛民族的漢奸政權，美帝可以好好利用島上的走犬。只可憐人民都被洗腦，也跟著舔美倭而反中，只是這些都不能改變未來統一的大結局，因為神州眾仙醒了！強了！范揚松嘆嵌「提油救火・兵凶戰危」（2022.08.02）：

提心弔膽中美台，油煎妖婆斐老太；
救火投薪還囂張，火海刀山禍成災！
兵臨城下圍四海，凶年亂世懷鬼胎；
戰火一統不會讓，危轉統一大門開！

烽火連天！美帝老妖婆斐洛西竄台，正好給我大中國統一練兵預演的機會，解放軍對台海四周進行大包圍，統一之路又向前一大步，此謂可喜。反之，台島之偽政府勾結美倭，一味反中賣台，把台島搞成「烏克蘭化」，人民無知受害，此謂可悲。慨嵌「賣台謀獨・封海鎖國」（2022.08.04）：

賣笑行奸迎斐妖，台澎四海掀驚濤；
謀算智障民倒懸，獨夫妖魔還叫囂！
封疆裂土東風破，海峽凶險擊六角；

鎖眼愁眉烽煙起，國殤人禍死難逃！

與忠達兄暢論當年著書立說，力拼選戰，絕地大反攻，戰無不勝，攻無不克。范揚松在神州大地上，以詩人企業家著名於世，但他亦精通戰略、兵法、政治、策略等，有各類著作等身，尤其是一個堂堂正正的中國人。針對選戰經驗，他詩慨嵌「選戰兵法．風捲殘雲」（2016.05.25）：

選將秣馬妙算計，戰鼓雷鳴奪先機；
兵不厭詐黨尚黑，法輪常轉救死急！
風刀霜劍一禿筆，捲甲倍道難匹敵；
殘念青春任江湖，雲散風流映雪泥！

范揚松眼見部份南海島嶼被周邊國家佔有，他心急如焚，因為南海諸島自古以來，就是中國領土，當中國擁有那些島嶼時，周邊國家尚未誕生。清末以來的近百年間，祖國勢衰，南海諸島才被偷被竊佔，如今祖國強大，范揚松期待兩岸共同維護南海領土主權。慨嵌「犯我中華．雖遠必誅」（2016.07.17）：

犯顏怒諫護南疆，我武維揚不能讓；
中土豈容島變礁，華星秋月抗豪強！

雖覆反正勢激昂，遠交近攻自主張；
必爭寸土護主權，誅鋤入侵是應當！

敬悼郝柏村總長，郝總長一百零二歲辭世，范揚松回憶三十八年前，連獲兩屆國軍文藝金像獎長詩金獎，都由郝總長頒獎給他。三十多年後，又由其子郝龍斌市長，頒一座義民祭文創企畫獎給范揚松，哲人已逝，感念啊！哀嵌「出將入相・功在黨國」（2020.03.31）：

出謀畫策搏死戰，將門虎子豈簡單；
入閣登壇天酬勤，相帥美景照肝膽！
功標青史歷艱難，在所不辭幾輾轉；
黨堅氣盛多叱吒，國之干城好典範！

范揚松的藏頭詩著名於兩岸的中國詩壇，更為現代中國詩壇，在現代詩（新詩）和傳統詩之外，另開一片亮麗的新局面。上海交大老子學院王干城教授，請范揚松以嵌「章潤先生・國士無雙」提詩（2020.06.16）：

章決句斷言鏗鏘，潤澤黎庶懷悲愴；
先我著鞭勘得破，生息俯仰救死傷！

國事大好盛漢唐，士農工商不尋常；
無式崛起千年夢，雙龍貫斗敢猖狂！

疫情又起，封城封市不能封筆，再應上海交大老子學院院長、文化學者王干城教授之請，囑於方方提詩。蓋因新冠疫情嚴峻，應詩記存真，以儆醒後人也，勉嵌「武漢日記・時代良知」（2020.06.21）：

武嬉文恬藏凶險，漢河楚界最前線；
日暮途窮抗疫煞，記問寫真一馬先！
時乖運騫哀人間，代越庖俎豈避嫌？
良師諍友直振筆，知盡能索逆青天！

冒犯啦！政壇大老踢到一塊鐵板。白嘉莉畫展引發議論，顯示貪腐政客心中只有利益權錢，毫無文藝素養，不重人文，只愛權力鬥爭。讚《勁報》為地方發聲，政壇大老竟教訓范某，真是太不了解老范了。嘆嵌「信能可徵・慨然臧否」（2020.10.05）：

信馬由僵觀勁報，能人異士逗熱鬧；
可訴公評各鏗鏘，徵名責實不賣老！

慨當以慷敢登高，然猶未盡勘門道；
臧否亡羊莫羞怒，否極泰回誰風騷？

花甲男范揚松學新成語，「英人設市」「狼狽為堅」。身為新竹人，反對不經討論強迫竹竹併預算二讀，視民如無物，貪腐不法政權之亂，莫此為甚。嘆嵌「英人設市．狼狽為堅」（2021.12.26）：

英勇頑強幹詐騙，人神共憤霸凌拳；
設謀六都機關算，市井百姓敢逆天！
狼子野心行姦險，狽賤魔妖不要臉；
為虎作倀逕二讀，堅信獨裁玩錢權！

天天都看著美帝在全球到處製造災難，看著中國崛起，美帝害怕發瘋；看著台獨偽政權舔美媚倭，使台島人民活在水深火熱之中，詩人與戰士合體的范揚松也感疲累。今天他要快樂一下，在鴻妹的餐廳「神秘花園」同樂，竹中同學謝萬達表演古典吉他，鴻妹翩翩起舞。即嵌「疫後尋歡．歌舞盡興」（2022.07.23）：

疫煞凶猛暑猶鼎，後勢難測命如金；

尋醉詩友敢臧否，歡宴千杯論古今！
歌震宵漢飛斗星，舞影翩遷急弦琴；
盡是狂狷且慷慨，與觀群怨夜未眠！

陳福成著作全編總目

壹、兩岸關係

①決戰閏八月
②防衛大台灣
③解開兩岸十大弔詭
④大陸政策與兩岸關係

貳、國家安全

⑤國家安全與情治機關的弔詭
⑥國家安全與戰略關係
⑦國家安全論壇。

參、中國學四部曲

⑧中國歷代戰爭新詮
⑨中國近代黨派發展研究新詮
⑩中國政治思想新詮
⑪中國四大兵法家新詮：孫子、吳起、孫臏、孔明

肆、歷史、人類、文化、宗教、會黨

⑫神劍與屠刀
⑬中國神譜
⑭天帝教的中華文化意涵
⑮奴婢妾匪到革命家之路：復興廣播電台謝雪紅訪講錄
⑯洪門、青幫與哥老會研究

伍、詩〈現代詩、傳統詩〉、文學

⑰幻夢花開一江山
⑱赤縣行腳・神州心旅
⑲「外公」與「外婆」的詩
⑳尋找一座山
㉑春秋記實
㉒性情世界
㉓春秋詩選
㉔八方風雲性情世界
㉕古晟的誕生
㉖把腳印典藏在雲端
㉗從魯迅文學醫人魂救國魂說起
㉘六十後詩雜記詩集

陸、現代詩（詩人、詩社）研究

㉙三月詩會研究
㉚我們的春秋大業：三月詩會二十年別集
㉛中國當代平民詩人王學忠
㉜讀詩稗記
㉝嚴謹與浪漫之間
㉞一信詩學研究：解剖一隻九頭詩鵠
㉟囚徒
㊱胡爾泰現代詩臆說
㊲王學忠籲天詩錄

柒、春秋典型人物研究、遊記

㊳山西芮城劉焦智「鳳梅人」報研究
㊴在「鳳梅人」小橋上
㊵我所知道的孫大公

㊶為中華民族的生存發展進百書疏
㊷金秋六人行
㊸漸凍勇士陳宏

捌、小說、翻譯小說

㊹迷情・奇謀・輪迴、
㊺愛倫坡恐怖推理小說

玖、散文、論文、雜記、詩遊記、人生小品

㊻一個軍校生的台大閒情
㊼古道・秋風・瘦筆
㊽頓悟學習
㊾春秋正義
㊿公主與王子的夢幻、
(51)洄游的鮭魚
(52)男人和女人的情話真話
(53)台灣邊陲之美
(54)最自在的彩霞
(55)梁又平事件後

拾、回憶錄體

(56)五十不惑
(57)我的革命檔案
(58)台大教官興衰錄
(59)迷航記、
(60)最後一代書寫的身影
(61)我這輩子幹了什麼好事
(62)那些年我們是這樣寫情書的
(63)那些年我們是這樣談戀愛的
(64)台灣大學退休人員聯誼會第九屆理事長記實

拾壹、兵學、戰爭

(65)孫子實戰經驗研究
(66)第四波戰爭開山鼻祖賓拉登

拾貳、政治研究

(67)政治學方法論概說
(68)西洋政治思想史概述
(69)中國全民民主統一會北京行
(70)尋找理想國：中國式民主政治研究要綱

拾參、中國命運、喚醒國魂

(71)大浩劫後：日本 311 天譴說
日本問題的終極處理
(72)台大逸仙學會

拾肆、地方誌、地區研究

(73)台北公館台大地區考古・導覽
(74)台中開發史
(75)台北的前世今生
(76)台北公館地區開發史

拾伍、其他

(77)英文單字研究
(78)與君賞玩天地寬（文友評論）
(79)非常傳銷學
(80)新領導與管理實務

2015 年 9 月後新著

編號	書　　　　　名	出版社	出版時間	定價	字數(萬)	內容性質
81	一隻菜鳥的學佛初認識	文史哲	2015.09	460	12	學佛心得
82	海青青的天空	文史哲	2015.09	250	6	現代詩評
83	為播詩種與莊雲惠詩作初探	文史哲	2015.11	280	5	童詩、現代詩評
84	世界洪門歷史文化協會論壇	文史哲	2016.01	280	6	洪門活動紀錄
85	三搞統一：解剖共產黨、國民黨、民進黨怎樣搞統一	文史哲	2016.03	420	13	政治、統一
86	緣來艱辛非尋常－賞讀范揚松仿古體詩稿	文史哲	2016.04	400	9	詩、文學
87	大兵法家范蠡研究－商聖財神陶朱公傳奇	文史哲	2016.06	280	8	范蠡研究
88	典藏斷滅的文明：最後一代書寫身影的告別紀念	文史哲	2016.08	450	8	各種手稿
89	葉莎現代詩研究欣賞：靈山一朵花的美感	文史哲	2016.08	220	6	現代詩評
90	臺灣大學退休人員聯誼會第十屆理事長實記暨 2015～2016 重要事件簿	文史哲	2016.04	400	8	日記
91	我與當代中國大學圖書館的因緣	文史哲	2017.04	300	5	紀念狀
92	廣西參訪遊記（編著）	文史哲	2016.10	300	6	詩、遊記
93	中國鄉土詩人金土作品研究	文史哲	2017.12	420	11	文學研究
94	暇豫翻翻《揚子江》詩刊：蟾蜍山麓讀書瑣記	文史哲	2018.02	320	7	文學研究
95	我讀上海《海上詩刊》：中國歷史園林豫園詩話瑣記	文史哲	2018.03	320	6	文學研究
96	天帝教第二人間使命：上帝加持中國統一之努力	文史哲	2018.03	460	13	宗教
97	范蠡致富研究與學習：商聖財神之實務與操作	文史哲	2018.06	280	8	文學研究
98	光陰簡史：我的影像回憶錄現代詩集	文史哲	2018.07	360	6	詩、文學
99	光陰考古學：失落圖像考古現代詩集	文史哲	2018.08	460	7	詩、文學
100	鄭雅文現代詩之佛法衍繹	文史哲	2018.08	240	6	文學研究
101	林錫嘉現代詩賞析	文史哲	2018.08	420	10	文學研究
102	現代田園詩人許其正作品研析	文史哲	2018.08	520	12	文學研究
103	莫渝現代詩賞析	文史哲	2018.08	320	7	文學研究
104	陳寧貴現代詩研究	文史哲	2018.08	380	9	文學研究
105	曾美霞現代詩研析	文史哲	2018.08	360	7	文學研究
106	劉正偉現代詩賞析	文史哲	2018.08	400	9	文學研究
107	陳福成著作述評：他的寫作人生	文史哲	2018.08	420	9	文學研究
108	舉起文化使命的火把：彭正雄出版及交流一甲子	文史哲	2018.08	480	9	文學研究

109	我讀北京《黃埔》雜誌的筆記	文史哲	2018.10	400	9	文學研究
110	北京天津廊坊參訪紀實	文史哲	2019.12	420	8	遊記
111	觀自在綠蒂詩話：無住生詩的漂泊詩人	文史哲	2019.12	420	14	文學研究
112	中國詩歌墾拓者海青青：《牡丹園》和《中原歌壇》	文史哲	2020.06	580	6	詩、文學
113	走過這一世的證據：影像回顧現代詩集	文史哲	2020.06	580	6	詩、文學
114	這一是我們同路的證據：影像回顧現代詩題集	文史哲	2020.06	540	6	詩、文學
115	感動世界：感動三界故事詩集	文史哲	2020.06	360	4	詩、文學
116	印加最後的獨白：蟾蜍山萬盛草齋詩稿	文史哲	2020.06	400	5	詩、文學
117	台大遺境：失落圖像現代詩題集	文史哲	2020.09	580	6	詩、文學
118	中國鄉土詩人金土作品研究反響選集	文史哲	2020.10	360	4	詩、文學
119	夢幻泡影：金剛人生現代詩經	文史哲	2020.11	580	6	詩、文學
120	范蠡完勝三十六計：智謀之理論與全方位實務操作	文史哲	2020.11	880	39	戰略研究
121	我與當代中國大學圖書館的因緣（三）	文史哲	2021.01	580	6	詩、文學
122	這一世我們乘佛法行過神州大地：生身中國人的難得與光榮史詩	文史哲	2021.03	580	6	詩、文學
123	地瓜最後的獨白：陳福成長詩集	文史哲	2021.05	240	3	詩、文學
124	甘薯史記：陳福成超時空傳奇長詩劇	文史哲	2021.07	320	3	詩、文學
125	芋頭史記：陳福成科幻歷史傳奇長詩劇	文史哲	2021.08	350	3	詩、文學
126	這一世只做好一件事：為中華民族留下一筆文化公共財	文史哲	2021.09	380	6	人生記事
127	龍族魂：陳福成籲天錄詩集	文史哲	2021.09	380	6	詩、文學
128	歷史與真相	文史哲	2021.09	320	6	歷史反省
129	蔣毛最後的邂逅：陳福成中方夜譚春秋	文史哲	2021.10	300	6	科幻小說
130	大航海家鄭和：人類史上最早的慈航圖證	文史哲	2021.10	300	5	歷史
131	欣賞亞媺現代詩：懷念丁穎中國心	文史哲	2021.11	440	5	詩、文學
132	向明等八家詩讀後：被《食餘飲後集》電到	文史哲	2021.11	420	7	詩、文學
133	陳福成二〇二一年短詩集：躲進蓮藕孔洞內乘涼	文史哲	2021.12	380	3	詩、文學
134	中國新詩百年名家作品欣賞	文史哲	2022.01	460	8	新詩欣賞
135	流浪在神州邊陲的詩魂：台灣新詩人詩刊詩社	文史哲	2022.02	420	6	新詩欣賞
136	漂泊在神州邊陲的詩魂：台灣新詩人詩刊詩社	文史哲	2022.04	460	8	新詩欣賞
137	陸官 44 期福心會：暨一些黃埔情緣記事	文史哲	2022.05	320	4	人生記事
138	我躲進蓮藕孔洞內乘涼–2021 到 2022 的心情詩集	文史哲	2022.05	340	2	詩、文學
139	陳福成 70 自編年表：所見所做所寫事件簿	文史哲	2022.05	400	8	傳記
140	我的祖國行腳詩鈔：陳福成 70 歲紀念詩集	文史哲	2022.05	380	3	新詩欣賞

141	日本將不復存在：天譴一個民族	文史哲	2022.06	240	4	歷史研究
142	一個中國平民詩人的天命：王學忠詩的社會關懷	文史哲	2022.07	280	4	新詩欣賞
143	武經七書新註：中國文明文化富國強兵精要	文史哲	2022.08	540	16	兵書新注
144	明朗健康中國：台客現代詩賞析	文史哲	2022.09	440	8	新詩欣賞
145	進出一本改變你腦袋的詩集：許其正《一定》釋放核能量	文史哲	2022.09	300	4	新詩欣賞
146	進出吳明興的詩：找尋一個居士的圓融嘉境	文史哲	2022.10	280	5	新詩欣賞
147	進出方飛白的詩與畫：阿拉伯風韻與愛情	文史哲	2022.10	440	7	新詩欣賞
148	孫臏兵法註：山東臨沂銀雀山漢墓竹簡	文史哲	2022.12	280	4	兵書新注
149	鬼谷子新註	文史哲	2022.12	300	6	兵書新注
150	諸葛亮兵法新註	文史哲	2023.02	400	7	兵書新注
151	中國藏頭詩(一)：范揚松講學行旅詩欣賞	文史哲	2023.03	280	5	新詩欣賞
152	中國藏頭詩(二)：范揚松春秋大義詩欣賞	文史哲	2023.05	280	5	新詩欣賞

陳福成國防通識課程著編及其他作品

（各級學校教科書及其他）

編號	書　　　　名	出版社	教育部審定
1	國家安全概論（大學院校用）	幼　獅	民國 86 年
2	國家安全概述（高中職、專科用）	幼　獅	民國 86 年
3	國家安全概論（台灣大學專用書）	台　大	（臺大不送審）
4	軍事研究（大專院校用）（註一）	全　華	民國 95 年
5	國防通識（第一冊、高中學生用）（註二）	龍　騰	民國 94 年課程要綱
6	國防通識（第二冊、高中學生用）	龍　騰	同
7	國防通識（第三冊、高中學生用）	龍　騰	同
8	國防通識（第四冊、高中學生用）	龍　騰	同
9	國防通識（第一冊、教師專用）	龍　騰	同
10	國防通識（第二冊、教師專用）	龍　騰	同
11	國防通識（第三冊、教師專用）	龍　騰	同
12	國防通識（第四冊、教師專用）	龍　騰	同

註一　羅慶生、許競任、廖德智、秦昱華、陳福成合著，《軍事戰史》（臺北：全華圖書股份有限公司，二〇〇八年）。

註二　《國防通識》，學生課本四冊，教師專用四冊。由陳福成、李文師、李景素、頊臺民、陳國慶合著，陳福成也負責擔任主編。八冊全由龍騰文化事業股份有限公司出版。